JN059059

アディクト（依存者）を超えて

ダルクの体験を経た9人の〈越境者〉の物語

市川岳仁
（三重ダルク代表）
編著

明石書店

序章

市川岳仁（本書編者）

僕はアディクションの当事者である。20代の半ばにダルク[1]につながり回復がはじまった。ダルクでは同じような体験を持った仲間たちに支えられ、僕もまた彼らを支えることで互いを尊重しながら生きてきた。ダルクにつながる以前、僕はアディクトである自分自身を受け入れられないでいたが、ダルクに来てからは……正確には、僕に深い影響を与える何人かの仲間との出会いと僕自身が仲間を受け止める経験を経て……自分自身を肯定できるようになった。それは、アディクトでなくなるというよりは、アディクトであることを誇りに思う感覚とでも言おうか。ダルクや自助グループでは、自分の経験してきたことを隠す必要はなく、むしろ、それが誰かを勇気づけたり、希望を与えることができることに気づいて自分を恥じなくなった。自分が生きてきたことの経験とその体験を語ることは、自分と仲間をつなぐ大切な方法となった。

だが、いつ頃からかアディクション当事者として、体験談をもとに自分を表すことに胡散臭さと閉塞感を感じるようになっていた。何かの経験があることをもって「当事者」であるとして、実際のところ、僕たちは、いつまで当事者なのであろうか。こうした疑問は、すでに２００７〜２００８年頃には感じており、それをテーマに大学院で修士論文[2]としてまとめたのは、２０１０年のことである。

人前で体験を語ることにも少し疲れていた。僕の〈語り〉に価値を与えてくれるのは、つまりは、その特殊性である。それを際立たせるためには、最もひどかった時代を語らなければ物語が成立しない。けれども、実際にはそうした時代からすでに10年以上の年月が経っていた。当時のことを臨場感をもって語ろうとすると、どうしても不自然な感じがつきまとう。でも、聴衆はそれを待ち望んでいる。僕は「当事者」だからこそ必要とされ、さまざまな場所に呼ばれるのだ。時々、終身刑を言い渡されたような気分になった。僕は一生、「アディクト」でしかないのか。

親しかった仲間が再発したのは、その頃である。長い期間の回復が続いたあと、仲間はアディクションが再発してしまった。そして再びそこから元気を取り戻すことなく、亡くなった。さらに彼だけでなく、同じくらいの回復期間を持つ全国の何人かの仲間たちが、同じ頃に再発し、そして命を落としていった。いったい何が起こったのか。

再発した仲間たちには共通した傾向があったように思う。それは彼らがよくよく、当事者らしかったということだ。アディクトらしい出立ち、立ち振る舞い、そして体験談。過去の抑圧とアディクション、それに伴う極限状態、そして、回復の物語。それらが彼らの言葉を通して披露されるとき、聴衆は感動し、震えるのである。彼らにとって「当事者らしさ」は生きる術であり、存在意義であり、すべてだったのかもしれない。再発した仲間たちは皆、「依存者」であることに強く依拠して生きていた。

僕には再発していく仲間たちのしんどさが理解できる気がした。僕自身、ダルクを始めた当初は、自分が「当事者」であることを誇りに思い、その活動に夢中になっていた。だが、5年くらいが過ぎた頃から、少しずつ、アディクションからの「回復者」であるというだけでは自分の存在を受け止められなくなっていった。自分自身に対して、いつも胡散臭さのようなものがつきまとうようになり、このままダルクをやり続けていくことは困難なのではないかとさえ思うようになっていった。

そして、紆余曲折を経て精神保健福祉士の資格を取った。さらに大学院に進んで、どこからかやってくるこの閉塞感について学術的な「研究」という方法で向き合った。大学院という場所で向き合うことになったのは、当時、この問題を自助グループの仲間たちと分かち合うことはできないと感じていたからだ。僕たちを結び付けてくれる「当事者性」が、僕たちを苦しめることなんてあり得るのだろうか。

研究の成果として、回復者という自己認識を手に入れたあと、そこからさらに、多面的な自分自身と出会い続けていく必要があることを理解した。以来、僕はこのテーマをずっと追いかけてきた。ダルク以外の場所で何年間かソーシャルワーカーとして働く経験をした。地域では、保護司もするようになった。改めて大学院の博士課程[3]にも進んだ。この5年くらい前からは、非常勤ではあるが、いくつかの大学で講師をするようになった。いつしか自分のことを「アディクション当事者」としてのみ認識することはなくなった。自助グループ以外のところで、自分のことを「アディクト」だと自己紹介しなくなった。こうして、僕は僕になった。

だが、この間、世の中はむしろ逆の方向へと向かっていった。アディクションがより身近なもの、回復可能な病気であるという認識が広まると、依存症の当事者であることは恥ずべきことではなくなった。「回復者」ともなれば、なおさらである。実際、アディクションの当事者は以前より存在感を増しつつある。かつてのように自助グループの中だけで語りが展開されるのではなく、いまや、その経験はメディアやSNSなどに溢れかえっている。それはとても良いことのように思える。しかし反面で、世の中で依存者としての体験がオープンに語られるようになればなるほど、当事者はより一層、「当事者らしく」なっていくようにも思える。かつて身を隠さねばならない存在であった人たちが、今度は社会によって容認（承認）される存在となるにつれ、無意識のうちに世間が納得するような当事者らしさや振る舞いを身につけているのかもしれない。いかにも当事者らしい体験談、そこから転じて、現在の回復のあり方まで、聞き手を意識した語りは避けられないことのように思う。それは、かつての僕自身がそうであったように、自分にまとわりつく当事者性がその旬の終わりを迎えるまで、自己存在を確かめる証拠として、「当事者」であることが強く機能するからだろう。そして、こうした昨今の状況を眺める僕の脳裏には、過去の仲間たちの悲劇が強く思い起こされてしまうのである。

なぜ本書を企画したのか――自分らしくいるための9つの処方箋

本書の企画は、有り体に言えば僕たちが生き残っていくための連帯（コミュニティづくり）である。アディクション当事者であることに安心感と役割意識を得た人が、今度は逆にその当事者性によって閉塞感やしんどさに駆られたとき、そこからどう自分をエスケープさせて生き延びていくことができるか。そのプロセスを複数の人の経験から書き残しておくことは、きっと役に立つと考えた。それを紡ぐために、これはと思う仲間たちに声をかけた。

第1回の集まりは、２０２０年、11月に名古屋で行われた。そこには、回復者であり、さらに「学び」を経験し専門資格を取得した、もしくは取得しようとしているメンバー約10人が集まり、自分たちの存在についてや、いわゆる当事者ではない専門家との違い、それぞれの領域で昨今感じている違和感などについて語り合われた。そして、このメンバーで何か執筆してみるアイデアが生まれたのである。以降、数回のオンラインミーティングと1回の合宿が行われ、そこで多くのことが分かち合われた。

本書は、単に当事者であるだけでもない、単に専門家でもない僕たち（しかし、多くの場合において、「当事者」なのか「専門家」なのかという、立場の分離によって不可視化される）がたしかにそこにいて、その独特のポジションから見えるものの記述である。僕たちはこの集まりの中で、当事者でもあり、当事者としてのみ生きていないことに起因する、日々感じる違和感や視点をたくさん共有してきた。本書は、そこで分かち合われた事柄の削り出しである。

アディクションの「当事者」として、一旦強くアイデンティファイされた人が、それと異なる立ち位置を得るための、もっともシンプルな方法の一つは、資格などを取ることによって、わかりやすい別のアイデンティティを手に入れることだろう。自分の存在と社会的役割が同一化して、さらにそれが固定化されてしまいやすい環境にいる人にとって、資格の取得はとてもわかりやすいそこからの離脱の手段となる。それが本書が有資格の回復者で構成されている理由である。もっとも、**本書は資格を取ることを奨める本ではない**。この本で表したかったのは、かつて当事者であることに強く依拠していた僕たちが、人生における多様な自分の側面（多面性）に気づいたり、自由を手に入れていったその過程のほうだ。

本書の企画をするにあたり、僕からのインタビューではなく共同執筆という形式を採ったのは、インタビューという〈聞き手〉〈語り手〉という関係を避けたかったからだ。語りを求められた人は、それが無意識であれ聞き手の意図を感じ取り、その期待に応えるべく語りを開くことになるだろう。もっとも、執筆という形を採ったとはいえ、そういった影響が皆無にはならないかもしれないが、それでもインタビューという形を採るよりは、各々に自由に書いてもらったほうが、より自然なのではないかと考えたからである。そうした本書の構成は、以下の通りである。基本的に四つの事柄を問いたい。

1. アディクション当事者であることに強く依拠していた人たちが、その立ち位置から変容していく過程とはなにか。
2. アディクトを「アディクト」らしく居続けさせようとする社会的プレッシャーとはなにか。
3. 〈当事者〉〈専門職〉という2つの視点を持ち得たいま、その位置から見えるものはなにか。

4．資格取得に至るプロセスはどのようであったか。

本書は、これまで語られてきた多くの当事者による体験集や専門家によるアディクション解説とは異なるものになるだろう。なぜなら、本書を執筆する9人は当事者であり、かつ、専門職でもあるからである。「当事者か専門家か」という構造はここに溶解する。僕たちは自分という存在の中に複数の立場と視点を持って、事実ここに存在しているのだから。

そして本書を通して僕たちはこの視点を用いながら、僕たちを取りまく環境を考察していく。

それでは、本書の章立てと執筆者を紹介しよう。

まず、第1部（第1〜2章）では、「アディクト（依存者）から「私」へ」と題して、回復過程において経験された「役割の変化」と「それに伴う気づき」に触れた執筆者の原稿を収録した。そして、第2部（第3〜6章）では、「アディクション当事者とは誰か」と題し、回復過程において経験される、「当事者」に求められる役割への違和感に関する記述のほか、当事者として、専門職として、それぞれの現場で取り組みたいことなどが収録されている。そして、第3部（第7〜9章）では、「学びへの躊躇とチャレンジ」と題し、それぞれの「学び」の過程における戸惑いやチャレンジに関する詳細な記述が収められている。

執筆者はそれぞれ、

第1章　ヨコヤマジュンイチ（一般社団法人代表理事／就労継続支援B型事業所管理者／社会福祉士／元ダルクスタッフ）
第2章　山田ざくろ（福祉施設管理者／社会福祉士・精神保健福祉士・公認心理師／元ダルクスタッフ）
第3章　かみおかしほ（ダルクスタッフに憧れる二児の母／精神保健福祉士・保育士）
第4章　ハチヤタカユキ（株式会社代表取締役／精神科クリニック勤務／作業療法士／整体師／元ダルクスタッフ）
第5章　山崎ユウジ（精神科病院ソーシャルワーカー／精神保健福祉士・公認心理師／元ダルクスタッフ）
第6章　いちかわたけひと＊（ダルクスタッフ／精神保健福祉士／大学院生）
第7章　佐藤和哉（ダルクスタッフ／社会福祉士・精神保健福祉士・公認心理師）
第8章　鈴木かなよ（ダルクスタッフ／栄養士）
第9章　みつはしかずあき（ダルクスタッフ／社会福祉士・精神保健福祉士）
である。

そして、まとめとしての終章がある。

本書の読み方として、読みたいところから進められるのがよいと思う。それぞれの稿は独立しているし、一人ひとりの物語であるから、混乱することはないと思われる。もちろん章ごとに読み進めていくのでも問題ない。各章内は共通したエッセンスで結ばれており、より理解が深まることだろう。ぜひ、何度か読み返してほしい。執筆者の思いが伝わってくることだろう。いずれにしても、本書の指し示す視点が、多くの当事者や専門家たちのこれからに寄与することを切に望んでやまない。

＊個人体験の記述パートであるため、他の著者と同様にペンネーム（ひらがな表記）とした。

（1） DARC（Drug Addiction Rehabilitation Center） 当事者主導型の民間アディクションリカバリーセンター

（2） 市川岳仁（2010）「薬物依存からの回復における当事者性の意義と課題」龍谷大学大学院法学研究科修士論文

（3） 立命館大学大学院人間科学研究科博士後期課程

アディクト〈依存者〉を超えて
──ダルクの体験を経た9人の〈越境者〉の物語◇目次

序章　市川岳仁（本書編者）……3
なぜ本書を企画したのか――自分らしくいるための9つの処方箋　6

第1部　アディクト（依存者）から「私」へ

第1章　気をつけていないと見失ってしまいそうな小さなそれを守りながら
ヨコヤマジュンイチ……24
1 「文章を書くのが上手」で「日常的に大麻を吸っている」わたし　24
2 「大麻草を自宅で育てている」わたし　25
3 「薬物をやめていないけど、やめるために努力を始めた」わたし　27
小休止　29
4 沖縄で「リハビリをしている」「ヤク中らしいヤク中」のわたし　29
5 「ダルクで働く」わたし　31
6 「夫そして父親」としてのわたし　32
7 「依存問題の相談員」としてのわたし　34
8 「就労継続支援B型事業所の管理者」としてのわたし　37
小休止　42
9 「社会福祉士の国家試験を受け続ける」わたし　42
10 「まだ得ぬアイデンティティを想像する」わたし　43

第2章　切りとられない歩き方　山田ざくろ……46
はじめに　46
1　母×地域――モヤモヤのきっかけ　47
2　アディクト×病院と自助グループ　48
3　ヘルパー×介護職／支援員×作業所　49
4　女性×ダルク　52
5　学生×学ぶ場所　56
6　退職×新しい始まり　59

第2部　アディクション当事者とは誰か

第3章　わたしも一緒だよ　かみおかしほ……64
はじめに　64
1　わたしについて　65
2　当事者主導ではないことの楽さと寂しさ　66
3　「仲間」になれない私と「学び」への意欲　68
4　葛藤　69
5　専門職者へ――施設で働く　71
6　地域で専門職として働く　74
7　専門家に感じる違和感　76
8　当事者が専門機関で働く時に感じる違和感　77

9　Aちゃんとの関係　78
おわりに――専門職として仲間と出会う人たちへ　80
3年後　82

第4章　世界一受けたい作業療法　ハチヤタカユキ……85
はじめに　85
1　全ての始まり――ダルク入所　86
2　なぜダルクを離れたか？　87
3　専門校入試まで　89
4　専門校時代から卒業まで　91
5　心療内科就職編　94
6　医療に携わって　98
7　ライフスタイル　102
8　自分のケア　105
おわりに　106

第5章　そのアディクション、誰のもの？　山崎ユウジ……108
はじめに　108
1　自助グループ　109
2　資格への興味　110
3　回復施設「ダルク」へ　112
4　仲間たちの中で　113

5 混乱の中の救世主？ 115
6 希望のメッセージ 116
7 変質していった語り 117
8 自分は一体何者か？ 118
9 始まりは一人の仲間の手助けから 119
10 社会の制度と回復 120
11 専門家たちが共有するもの 121
12 専門家との協働 123
13 いい加減にやめなくちゃ 124
14 ダルク退職後の自分 125
15 どうやって役に立つのか 127
16 ただ一人の人間として 128
17 無名に生きるということ 129

第6章 アディクトを超えて

いちかわたけひと……131

はじめに 131
1 「立ち直り」「回復」とは誰の言葉か 132
2 ダルクとエンパワメント 134
3 回復者の社会化と当事者らしさ 137
4 回復を信じられない専門家たちと、当事者としてしか見ない専門家たちの狭間で 142
5 当事者が立っている場所の変化 144
6 当事者が「回復」に語り殺されないために必要なことは何か 148

第3部　学びへの躊躇とチャレンジ

第7章　学びの物語　佐藤和哉……154
1　私という人物　154
2　ダルク　155
3　病院　157
4　いざ大学へ　159
5　ダルクが好き？　160
6　「法」とダルク　161
7　暴走とブレーキ　162
8　メディア　163
9　専門職としての顔　164
おわりに　166

第8章　無限の可能性　鈴木かなよ……168
はじめに　168
1　高校リベンジ　169
2　ダルクに居続けたい気持ち　171
3　自立準備ホームの仕事　171
4　念願のダルクスタッフ　172
5　20歳の女の子との出会い　173

6　ダルクスタッフを続ける不安　174
7　大学に行きたいと思う気持ち　175
8　大学進学のチャンス　176
9　辛かった大学生活　177
10　コロナウイルスの影響　178
11　仲間の存在　178
12　長期高度人材育成制度　179
13　大学での出会い　180
14　大学卒業　181
おわりに　181

第9章　専門職への道のり　みつはしかずあき……184
はじめに　184
1　ダルクでのリハビリ後　185
2　ダルクスタッフを始める　186
3　ダルクスタッフの不安　187
4　資格取得への躊躇　189
5　専門学校に入学し「学び」を始める　191
6　辛かった試験勉強　192
7　資格を取って何を得たのか　196
8　専門職となって変化した仕事　197
おわりに　199

終章　むすびにかえて　市川岳仁（本書編者）……200

1　「地域」で一人の人として生きる――回復の第二の物語の存在　201
2　「当事者」としての役割を期待する力　203
3　何者になってもいい　207
4　越境者たち――これからの時代に向けて僕たちが取り組んでいきたいこと　209
付録――執筆メンバーによるメタローグ　218
コラム：韓国における依存症専門家養成政策　228

■本書に登場する専門職資格

・**社会福祉士**：「社会福祉士及び介護福祉士法」にもとづく国家資格で、社会福祉協議会や社会福祉施設、病院、地域包括支援センター等でソーシャルワーク実践に取り組む。福祉系大学・短大等、社会福祉士指定養成施設卒業を受験資格とした年1回の国家試験に合格し、登録する。

・**精神保健福祉士**：「精神保健福祉士法」にもとづく国家資格で、精神科医療機関や精神障害者社会復帰施設等で相談援助業務にあたる。4年制大学で指定科目を修めて卒業、2年制（又は3年制）大学等で指定科目を修めて卒業し指定施設で一定期間相談援助の業務に従事、等を受験資格とした年1回の国家試験に合格し、登録する。

・**公認心理師**：2017年に誕生した心理職の国家資格で、保健医療、福祉、教育その他の分野において、心理学に関する専門的知識および技術をもって業務を行う。大学で指定科目を修め、卒業後一定期間の実務経験を積む、等を受験資格とした年1回の国家試験に合格し、登録する。

・**作業療法士**：「理学療法士及び作業療法士法」にもとづく国家資格で、医師の指示のもと、諸機能の回復・維持および開発を促す作業活動を通して治療、指導、援助を行う。作業療法士養成校（4年制大学、3年制短期大学、専門学校）卒業等を受験資格とした年1回の国家試験に合格し、登録する。

・**栄養士**：「栄養士法」にもとづく国家資格で、医療施設、老人福祉施設、児童福祉施設、学校、企業等で栄養指導や給食の運営を行う。指定の課程のある大学、短期大学、専門学校で所定の単位を取得して卒業することで、都道府県知事の免許を受け資格を得る（「管理栄養士」は国家試験合格が要件）。

第1部

アディクト（依存者）から「私」へ

第1章 気をつけていないと見失ってしまいそうな小さなそれを守りながら

ヨコヤマジュンイチ

私は本書刊行の2024年、53歳になる3人の娘の父親で、パートナー含め5人で沖縄県に暮らしている。生まれたのは東京、沖縄に越してきたのが26歳の頃だった。そんな私が、自分の歩いてきた道を振り返りながら「自分は何者なのか」について話してみたいと思う。

1 「文章を書くのが上手」で「日常的に大麻を吸っている」わたし

東京で過ごした10代は、家庭や学校、部活、友達など、どこにいても「ここは自分の居場所ではない」という感覚を持っていた。自分から人に話しかけることができない内気な性格だったので、友達はあまりいなかった。中学生の頃、そんな内気だった自分が、アルコールを飲むと気軽に他人に話しかけることができた、という経験をした時に、これが本当の自分なんだ、と感じた。なので高校生の頃は、機会ある度に飲酒していた。

さらに「本当の自分」にさせてくれたのが大麻だった。高校を卒業し、大学に入ったもののほとんど行かずにバイトをし、貯めたお金でアジアを旅行している時に初めて大麻を体験した。ヒマラヤの麓にある湖べりに建つ安宿のベッドの上で大麻を吸い、今まで感じたことのない解放感を得ていた。それはアルコールをはるかに超えるもので、その後、私の人生に欠かすことのできないものになった。

「ヨコヤマ君は文章で状況を説明するのが上手だね」と小学6年生の時の担任の先生に褒められたことがあった。日頃誰かに褒められることのなかった私は「そうか、自分は文章が上手なんだ」と思い込み、いつか文章を書く仕事に就くぞ、と漠然と考えていた。

自分の友達の、知り合いの、知り合いの、知り合い、というほとんどないに等しい糸をたぐりよせ、東京の出版社に編集者として入ったのが20歳の頃だった。いわゆる業界の人たちは自由で大麻なんて日常的に吸っているんだろう、という自分の想像は外れ、皆まじめに雑誌を作っている方々だった。そんな中、会社の先輩たちとアルコールを飲む時、私は隠れて大麻を吸っていた。

2　「大麻草を自宅で育てている」わたし

自宅のベランダで毎年大麻草を栽培していたので、大麻がなくなるという心配はなかった。「大麻草を育て、日常的に吸っている自分」がとても好きだったし、かなり気に入っていた。今思い返せば、自分に自信がなく、何をやってもうまくいかないと思い込み、職場では常に他の人より劣っていると感じ、自分の兄弟にさえ劣っている感じを持っていた当時の私にとって唯一自分を肯定できたのが、大麻を吸っている自分と、それにまつわる行動だったのだろう。

しかしこのようなでたらめな生活は長く続かなかった。

初めて精神科病院に入院したのは26歳の秋だった。戦前からある古い精神科病院で、即、入院となった。

１ヶ月の入院ののち、退院の前に「君は必ず再使用するだろうからここに行った方がいい」とダルクと自助グループのパンフレットをドクターから渡されたが、その時はまったく行く気はなかった。「自分は二度と薬物は使わない」「早く復職して元の生活を取り戻したい」と真剣に考えていたが、退院したその日に大麻を吸い、すぐに他の違法薬物を手に入れ、あっという間に入院前と同じ状態に戻ってしまった。

以前に暮らしていたアパートは引き払われ、数年ぶりに実家に戻った自分は薬物を使う以外に何か行動を起こさなければ、と考え、就職情報誌と住宅情報誌を買うも、それらを開く気力がなくただただ「こんなはずじゃない」と思いながら薬物を使い続けた。

そのとき目に留まったのが病院でもらったパンフレットだった。ダルクには「入寮」「施設」という響きがいかにも重症のジャンキーが利用するといったイメージがあり、自分はまだまだその域ではないし、そんなところには行きたくもない、と思っていたので、ダルクに行くという選択肢は最初からなかった。結局、薬物を使う以外にできる行動は病院で渡された自助グループの地図を手にし、会場に向かうことだけだった。

3 「薬物をやめていないけど、やめるために努力を始めた」わたし

その日が何曜日だったか覚えていないが、自助グループの地図にはその日、都内の教会で夜7時からミーティングが始まると書かれていた。確か3時間か4時間前くらいには教会近くにいたと記憶している。行く前に、後ろで結いていた髪の毛を切って坊主頭にしたのは、今になってはその理由を覚えていないが、とにかく今までと違う行動をとりたかったのだと思う。

教会の向かいは土手になっていて遊歩道があり、そこのベンチに座って大麻を吸った。持っていたら捕まってしまうかも、という不安と、吸わずには参加できないという恐怖からである。

初めて参加した私を自助グループのメンバーたちはとても暖かく迎え入れてくれた。久しぶりに人として扱ってもらったという感覚である。その日の日記には「ここにいる人たちは皆弱い人ばかりだ。自分は自分の力でもう一度頑張る」と書いたが、それは本心ではなかった。自助グループのメンバーを見下すことで自身を奮い立たせようとする自分がいながらも、皆の優しく、寛容な態度に居心地の良さを覚えたのをはっきりと思い出すことができる。帰り際、ああ、あなたはジャンキーですね、といった雰囲気の男性が「明日も来る?」と私に聞いてきた。「行くかどうかわからない」と答えたが、なぜかそのやりとりで胸が温かくなるのを感じ、そして次の日も地図を片手に別の会場に向かった。

変わらずに大麻は吸っていたが。

何度目かのミーティングに参加した時に「昼間は何やっているの？」と別の、やはりあなたもジャンキーですね、という見た目のメンバーが声をかけてくれた。正直に「一日中薬物を使っています」とは言えず「色々忙しいんだ」などと答えた。彼はそんな私のウソを見透かすかのように「もし暇だったらダルクへおいでよ、自分もいるし」と誘ってくれた。それで次の日から地元のダルクに朝行って、ミーティングに参加し、夕方、ダルクのメンバーと一緒に自助グループのミーティングへ行くようになった。仕事、家、そして今まで拠り所にしていた大麻との生活をすべて失った自分には何も残されておらず、何をしていいかまったくわからずにいたので、声をかけられるままついていった、という感じだった。

昼間はダルク、夜は自助グループへ参加しながらも大麻や違法薬物を使い続けていた。ダルクや自助グループへ行くために電車に乗るとき、運賃を調べる路線図に薬物を買っていた駅が目に入るとそこに向かっていたので、地元ではやめられない、と感じていた。

やめたいけどやめられないんだ、と初めて口にした相手はダルクのスタッフの方だった。そのスタッフの机には、私もよく聞いていたグレイトフル・デッドのＣＤが何枚か置いてあり、それを見た時に「この人なら信じられるかも」と感じたスタッフに相談をした。「地元にいてはやめられないので、どこか遠くのダルクへ行かせてほしい」という私の相談に「沖縄で半年ぐらいのんびりしておいでよ」と入寮の手続きを取ってくれた。

沖縄のダルクでは、１週間後に空きが出るとのことで、出発の日まで心おきなく薬物を使い、さらには飛行機に乗る直前まで使い続け沖縄に向かった。沖縄に行けばやめられるんだ、と自分に言い聞かせて。

小休止

ここまでは薬物を使う前、そして使っていた頃の物語を紹介したが、こうして改めて振り返ってみると、自分が何者かまったくわかっていなかったようだ。口先では「俺が本気出したらお前らびっくりするぞ！」と言いながらもどうしたら本気を出せるのかすらわかっていなかった。何をしても満足することがなく、本当はこんなはずじゃない、と欲を満たすために散らかし放題散らかしまくった結果、沖縄ダルクへ入寮することになった。

さあ、ここからは薬物以外のアイデンティティをどうやって獲得したのか、というお話を続けたいと思う。

4　沖縄で「リハビリをしている」「ヤク中らしいヤク中」のわたし

沖縄ダルクでは薬をやめた影響からか常にイライラし、仲間の中に入れずいつも一人でいた。当時、30人以上の仲間と入寮生活を送っていたが、内心では「俺は他の人より重症ではない、他の人とは違う」と思っていた。そんなある時、ミーティングの司会をしていた髪の毛を金色に染めて肩まで伸ばしているスタッフが「久しぶりにヤク中らしいヤク中がウチに登場したな」と自分を指差して言うのを聞いて「ああ、俺はここにいていいんだ」と感じた。「ひどい依存者」と指摘されたことへの怒りの感情はまったくなく、ありのままの自分を受け入れてもらえた、という感覚だった。この感覚はそれまで感じたことはなかったように思う。

3ヶ月を過ぎた頃から少しずつ体力が戻り、仲間と海で泳ぎ、ギターを弾いて楽しむことができるようになった。沖縄では夏場のビーチにはバーベキューを楽しんでいる地元の人が多く、皆で海で遊んでいると時おりそのバーベキューに誘われたりした。そんな時「私は過去、薬物を使い続けどうにもならなくなって施設でリハビリをしているのでアルコールは飲めません。なぜならアルコールは薬物の一種だからです」と毎回説明をして断っていた。当時は、「過去色々あったが今は努力してシラフの生活を送っている自分」という、気をつけていないとどこかになくしてしまいそうなほど小さなアイデンティティを得て、必死にそれを守っていたのだ。

地元ダルクのスタッフに言われた6ヶ月を過ぎた頃には、地元に戻りたい、という気持ちは薄れ、沖縄での生活を楽しめるようになってきた。というのもこの頃から車の運転やミーティングの司会などダルクの中でスタッフの手伝いをやり始めた。これをしていると、自分は他の誰よりも回復しているる、という感じが持て、優越感や特権意識を持つことができた。簡単にいうと、薬物をやめていることでなんだか偉くなったような錯覚を覚えたのだ。そして「スタッフになるためには外での仕事の経験が必要だ」と言われ、全国チェーンの牛丼屋でアルバイトをした。

ある日、アルバイト先にダルクの近藤恒夫さんが来て「薬やめて牛丼盛っていても仕方ないだろう。それよりも仲間の手助けをした方がいい」と私に言った。牛丼屋では薬物を使っていたことは伏せていたが、一緒に働いている人から下に見られた、バカにされたと感じると「俺は依存者なんだぞ」ということを匂わせその人たちを困惑させていた。何もない26歳の無経験のバイトという立場よりも、表向きは「過去の自分と同じような人の手助け」で、本心は「依存者として偉そうにできる」という思いで牛丼屋をやめてダルクで働きだした。

5 「ダルクで働く」わたし

沖縄ダルクでは約5年働いた。スタッフとして働く中で学校講演や地域のボランティア、エイサー[1]披露などさまざまな活動をした。これらの方々と接する時は常に「私は依存者である」ということが前提だった。「過去、薬を使っていたのに今は更生されてすごいですね」などと講演先の学校の先生に言われ「すごいだろう、頑張っているぞ」と感じるほど最初の1、2年は違和感はなかった。ただ、何年かすると自分の体験談を人前で話をするのが辛くなってきた。生きていくために淡々と大麻を吸い続けた私にはドラマティックな体験談などなく、自分の話が役に立つとは思えなかったし、何度も同じ話、それも依頼主の要望に応えた「薬物を使うとこんなにひどい状態になる」話をもうしたくはなかった。初対面の人に最初から薬物依存者として見られて接せられることもイヤだった。だが、「ダルクをやめてしまったら私は薬を使わずに生きてはいけない」と真剣に思い込んでいたし、薬物関連以外のアイデンティティは見つけられずにいた。

こうしてダルクで働くうちに、薬物依存者であるということを基盤とした仕事に徐々に違和感を持つようになってきた。ダルクを退職する頃には、依存者としての自分は自助グループの中だけでいい、仕事で出会うすべての人に「自分は今やめている薬物依存者です」と自己紹介するのがイヤになっていた。

男性5年、女性は3年のクリーン期間がないと恋愛してはだめだ、と自助グループでよく耳にした。ならば自分も、と薬物をやめて5年が過ぎた頃、パートナーとの生活を始めた。

6 「夫そして父親」としてのわたし

「ダルクをやめたらシラフで生きてはいけない」と割と真剣に考えていた自分がダルクをやめた。実際どうなったかというと、数ヶ月は何もできず家でゴロゴロしていた。知り合いの精神科の先生には「ダルクをやめたことによる離脱症状だ」と言われ、薬物のように離脱症状が出る職場って怖えな、と素直に感じた。自助グループのミーティングに行こうとは思うのだが、運転する気力がなく、パートナーの運転で、ダルクのメンバーが来ないミーティング場に通っていた。数ヶ月すると少し動けるようになってきたので、キャンプ道具を背負って離島を旅し、パートナーと沖縄を楽しんだ。すでに6年間沖縄に住んでいたのだが、ミーティング場と仕事での関わり以外の場所をまったく知らなかったことに驚いたのをよく覚えている。

ダルクの次、どこで働くかについては特に考えがあるわけではなく、求人誌の中から適当に選んだ。条件は夜の自助グループのミーティングに参加できることと、パートナーとの2人の生活に必要なお金をもらえることだった。何件か面接をし、全国チェーンの洋服屋にアルバイトで働くことになった。

ここでの4年間は楽しかった思い出しかない。自分はアディクトである、ということを明かさずにいたのだが、数年前に働いた牛丼屋とは違って暗にアディクトっぽいことをちらつかせることもなく、洋服屋のスタッフたちは私を「夫婦2人で仲良く暮らす夫」として受け入れてくれた。

パートナーが妊娠したのは洋服屋で働き出して1年が過ぎた頃だった。妊娠がわかった病院の帰り道、本屋に立ち寄り、妊娠、出産、子育てに関する雑誌を何冊も買うほど2人ともおかしくなっていた。不安と喜び、逃げ出したい気持ちと誇らしい気持ち。なんとも言えない高揚感だった。彼女がつわりで気持ちが悪いと言えば自分も気持ち悪くなるほど、一緒に妊娠生活を共有していた。洋服屋のスタッフはお子さんがいる方が多く、休憩室では妊娠、出産に関する話題が多かったのは素直に嬉しかったのを覚えている。皆、自分のこと、しかも薬物とかアディクト以外のことに興味を持ってくれていることが新鮮だったし、嬉しかったのだ。

妊娠後期のある夜のことである。通っている病院が主催している出産前の親子教室に2人で参加した。「今日は実際に出産する場所を見学しましょう」と連れて行かれたのはいかにも手術室で、天井にはたくさんの電気が光り輝いている。彼女はその部屋を見た帰り道、「あそこでは産めない」と言うではないか！　何も知識がない中、近くの助産院に「病院で出産できそうにない。どうしたらいいか」と相談したところ、その助産院でも出産できるが、リスクは自宅と変わらない、ということで、彼女は出産場所に自宅を選んだ。

生まれたのは８月の後半、夕方だった。苦しそうな彼女には申し訳ないのだが「この時間が永遠に続けばいいのに」と思うほど幸せな時間だった。これ以上時間がかかるようであれば病院に行くしかない、といった直後に、スルッと出てきた。

その日の夜、ベッドには彼女と小さな赤ちゃんが横たわっている。こうしてパートナーとの２人の生活に子どもが加わった。２年後にひとり、その３年後にひとりとその後、２回出産の機会に立ち会ったが、後の２件は最初同様、自宅での出産だった。３人とも女の子である。３人の父親、という立場は今のところ継続している。

７　「依存問題の相談員」としてのわたし

洋服店では昇給テストがあり、それを何度か受けて給料は増えていった。次に受けるテストに合格すると店長になれる、という時期に知り合いから「パチンコなどギャンブルの依存の電話相談を始めるので相談員として働かないか？」と誘いを受けた。洋服店ではある程度任されて仕事をしていたのでやりがいを感じていたし、子どもが2人になり、楽しい家庭生活を送っていたので一度は断った。自助グループのメンバーの何人かに相談したところ大筋で「どちらを選んでもいいんじゃないか」という答えだった。私は「せっかく依存問題とは無縁のところで働けているのに、またダルクのようなところに戻るのか」とあまり気乗りはしなかったが、最後の決め手は給与と待遇面だった。年間の収入は洋服店とそれほど変わらないのだが、洋服店では休みは平日、一日の勤務時間は10時間以上だったので、土日祝日は休み、一日8時間勤務で残業なし、という条件は魅力的に見えた。働く前から、新しい仕事でやりがいを見出すのは大変だろうと考えていた。ここからの数年間は家族に重きを置いて生活しよう、仕事にやりがいは求めないようにしよう、と自分に言い聞かせ、洋服店を退職し、パチンコ依存の電話相談所の相談員として働くことを決めた。

転職した電話相談所はできたばかりだったので、あまり、というかほとんど相談電話がなくヒマだった。そんな時に、誘ってくれた相談所の代表に「もしよかったら福祉の勉強でもしてみる？　相談ないときは事務所で勉強してもいいよ」と声をかけてもらった。そう言われるまで福祉にはほとんど興味がなかったのだが、高卒という学歴には劣等感を持っていたので、誘われるまま通信制の福祉系大学に入学した。最初の1年は勝手がわからず、見栄を張って入学したことを激しく後悔したが、それでも取得した単位が増え、2年目に入ると少しだけ自分自身への見方が変わってきた。「大学なんてムリだ、できっこない」と思っていたものが、「もしかしたら卒業できるかも」と変化していったのだ。児童養護施設での約1ヶ月の実習をなんとか終え、4年生の時に卒業見込みで社会福祉士の試験を受験した。結果は合格点に2点届かずに不合格となったが、履修単位を数え間違え卒業に必要な単位に1単位足りていないためその年に卒業できず、1単位のためにもう1年在学し、5年かけて卒業した。

底辺の都立高校卒業という学歴が通信制とはいえ大学卒になったことですっかり満足してしまい、その後、社会福祉士の試験は受け続けたが、大した勉強をしていないために落ち続けた。

電話相談所では、自分がアディクトである、ということは代表だけ知っていたが、他の相談員には明らかにしなかった。依存問題を相談してくる相談者との電話でのやり取りの中でも明かしたことはなかった。それは時にはもどかしく「やめたいんだったら自助グループへ行ったらどうですか？　自分も自助グループで辞めることできましたよ」と言いたい時もあったが、「自分はアディクトである」ことを明かさないで相談を受けるやり方をここで学習した。

それはダルクで働いていた時よりもずいぶんと楽だったが、相談援助について勉強する必要もあった。「依存問題の相談支援の方法を学ぶ回復を続けるアディクト」としての自分をここで得ることができた。

そうやって電話相談所で相談員として6年ほど働いた。そして、匿名の電話相談よりももっと顔を見て支援したい、というのは表向きの理由で、本当の理由は、誰かに雇われて働くのはもうムリだ、という理由で退職し、先に始めていた知人にノウハウを教えてもらって就労継続支援B型事業所を開設した。

8 「就労継続支援B型事業所の管理者」としてのわたし

Ｂ型事業所を立ち上げるために県庁をはじめ関係機関に挨拶に行った時、電話相談所で働いていたことがとても役に立った。社会福祉士の資格を持っていればよりよかったのだが、初めてお会いする方々への自己紹介の時に電話相談所の名称と代表の名前を伝え、そこで6年間相談員をしていた、というとほとんどの場合、「ああ、そうなんですね」とそれ以上説明する必要はなかった。つまり、「私は過去薬物を使い続けた結果、どうにもならなくなってダルクにつながり、今も止め続ける努力をしているアディクト」であることを明らかにする必要なく、自分は何者か、を他者に説明することができるようになった、ということに気づいたのだ。このような新しいアイデンティティを得るきっかけを作ってくれた相談所の代表には今でも感謝している。

こうして援助職という自覚はないながらも、他者からはそのように見てもらえるようになってきた。ここからは就労継続支援Ｂ型事業所を運営している中で経験した特徴的な出来事をいくつかご紹介する。

開設して1年ほどはアルコール、薬物、ギャンブルなどの依存の問題を持つ5～6名の方が通所していた。一緒に働く支援員は自助グループのメンバーだったので、利用者、スタッフともに私がアディクトであることは既に知られていた。利用者との雑談の中では、薬物や依存にまつわる話が主で、ダルク時代の出来事や自分が体験したことなどを話していなかったが、ダルクで働いている時のように当事者性を使って支援しているという感覚はなかった。

この頃、私は自助グループ内のいわゆる「ニックネーム」で呼ばれていた。職員、利用者から「ジュン君」「ジュンちゃん」と呼ばれることに違和感はなかった。開設2年目には自助グループのメンバーではなく、一般の方を雇用した。その方は私のことを「施設長」と呼んだ。最初は違和感があり「そんな堅苦しい呼び方しなくてもいいですよ」と伝えたが、その方が「施設長」と呼び続けてくれたおかげで、今ではすべての利用者、職員が当たり前のように「施設長」と呼ぶ。そう呼ばれ続けることでB型事業所の施設長としての自分を確立していったのだと感じている。その職員の方がいなかったら、ひょっとすると今でもニックネームで呼ばれていたかもしれない、と考えるとちょっと怖い。現在では5名の支援員がいるが、皆に私が当事者であることは明かしていない。

そんな「私は当事者です」ということを明かさずに働いていたある日のこと。援助職者数名が見学に来られた。その中の1人が部屋に入るなり「私はあなたを知っています。数年前の自助グループのイベントでスピーカーをしているのを聞きましたよ」といってくるではないか。自分が当事者であることを明かしていない職場で、である。私は「そういった自助グループは知りませんので、それは私ではありません。どなたかと勘違いなさっているのでは」と返答した。

例えば、偶然、街中で私が知っている自助グループのメンバーを見かけたとする。1人でいる場合は声をかけるが、私の知らない方と一緒にいる場合は声をかけない。それは私とその方の関係性を一緒にいる方に知られると困るかもしれないからである。このように私自身だけでなく、自助グループの他のメンバーに対しても「今、どの帽子をかぶっているか」についてはかなり注意している。

私を見た、といった支援者は親しみを込めてそのような発言をされたのだろうが、軽率だと思った。帰り際にその方だけを引き止め「私は24時間、依存問題の当事者として生活しているわけではない。私が当事者であることを知らない方がたくさんいるので、今後、話しかけるときは注意してほしい」という旨を伝えたが、あまり理解されている様子ではなかった。

ある時期、アルコールを飲むと通所できなくなってしまう、という方が通所していた。本人はアルコールへの問題意識はまったくなく、「俺はやればできるんだ」というものの、何かをやることはなく、通ったり、休んだりの繰り返しだった。数年が過ぎた頃、その方を担当する相談員から「もっと働ける環境に身を置けば動くのではないか？　給料が出るA型事業所で就労して親の援助を切ってはどうか？」との提案があった。私の考え方はそうではなく、緩やかに、うまくいかないことでも本人はなんとなくうまくいっている、と思ってもらえるような支援が必要だ、と相談員の提案には反対だった。私はそれを相談員に伝えることをせずに本人に働きかけていた。彼はそれまでも何か提案をすると「はい、はい」とどう考えてもできそうにないことを受け入れていたので「『A型事業所には行かず現状で努力したい』と相談員に伝えたほうがいいよ」と本人に伝えた。結果、本人は相談員の提案に対して反対することなくＡ型事業所へ移った。その後、「なぜ私はあの時、相談員に自分の意見を伝えずに本人に働きかけてしまったのか」と強く後悔した。現在では、利用者を支援していく中で今後の方向性については相談員と意見交換をする。だが、この時の私は支援員ではなく、当事者という立場で利用者と関わり、相談員ではなく利用者に働きかけていたのである。そのことに気づいた後、深く後悔し、支援員という目線がなかった自分を恥じた。

　このことがあってから私は、利用者に対して当事者ではなく、支援員として関わるよう努力を続けている。

　またある時期に、アルコールをやめられない方が利用を開始した。初めの数ヶ月は飲みながらの利用だったが、新たに診察を希望した精神科クリニックでは、飲酒している場合は診察しない、との方針で何度も帰され、それがきっかけで断酒が始まった。自助グループにつながっておらず、一人で止めようとしている姿を見て「私が参加している自助グループに一緒に参加しよう」「自分も同じように苦しんだことがある」と何度も伝えようとしたが、伝えずにいた。当事者であることを伝えないと依存者へのサポートができない訳ではないと思う。以前の利用者で現在は自助グループで回復を継続しているメンバーに協力を依頼し、相談員に住居の確保を依頼したりと、フォーマル、インフォーマルにかかわらずその方に何が必要なのかを考え、行動できるようになった。もし、自分も当事者だ、と伝えていたら、ミーティングに一緒に行くことくらいしかできなかったように思う。

　またある時、沖縄県内で障害者が作るものや作業を社会とマッチングさせている事業者が、新商品開発先を募集していたので応募し、選ばれた。いつか私たちが商品化しようと考えていた、沖縄県北部でしか採取できない貴重な茶葉を紹介し、その結果、それと沖縄県産の紅茶を混ぜ商品を作ることになった。ここまでは一緒に作業していたのだが、しばらくすると販売に関わっていた広告代理店が商品の名前やパッケージを作っていた。そして実際に商品を作るという段階で工賃の話になった。マッチングする事業者と広告代理店は同じ割合で、私たちはその五分の一程度だったと記憶している。金額にしてひとつ作って十数円である。これを見て「なぜ私たちとあなたたちの金額が違うのか。これならば私たちは商品を作りません」と伝えると、三十数円にします、と言ってきた。この方々は何もわかってない、とその時絶望的な気持ちになった。私が言いたいのは金額ではない。三者が十数円であれば問題ないのだ。問題なのは「なぜ、私たちがあなたたちよりも割合が低いのか」ということなのである。私は同じ立場で商品を開発していたつもりだったが、他の二者はそうではなかったようだ。結果的に、受けた責任を果たすため商品を作ったが、あまり売れなかったようだ。

　後日、その商品のパッケージが広告の賞を受賞したので表彰式に参加してほしい、と連絡があった。高い位置から私たちに仕事を提供してやっている、という立場の方々に、対外的にアピールできる時だけ担ぎ出されるのはまっぴらごめんである。「障害者を安い労働力として使いながらも、商品をアピールする時だけ人目に触れる場所に誘うというのはいかがなものか」とは言わず、「その日は予定が入っているので参加できません」と断った。

　この出来事は、必要な時には専門家に助言をいただきながら、自分たちで商品を作り続けている原動力のひとつとなっている。

小休止

２０２３年度には私たちの事業所は開所10年を迎える。私たちの事業所では開設当初からコーヒーの木の栽培、焙煎、加工、販売を行っていて、３年前にはカフェを開店し、地域の方々に親しまれている。そして、日々活動を続けながらも毎年受け続けた社会福祉士の試験の結果はどうなったのだろうか。また今後、私はどこに向かおうとしているのだろうか。私の物語はそろそろ終盤である。

９　「社会福祉士の国家試験を受け続ける」わたし

福祉系大学を卒業して社会福祉士の国家試験を７回は受けたと思う。１回はあきらめて受験手続きをしなかったことがあり、１回は当日になって行かなかったことがあった。そして２０２１年に、卒業して９年間経ってようやく社会福祉士の試験に合格することができた。合格後の手続きを済ませ、名刺を作り直した。名前のそばに小さく「社会福祉士」と入った名刺を手にしたときは感慨深いものがあった。この名刺はすぐに効果を発揮した。

ご家族の方が事業所を見学にいらした際、活動や支援の内容を説明しているとき、渡した名刺を見ながら「福祉の勉強をされてきたのですね」と言われた。初対面の方への質の担保として簡潔かつ効果的だが、一方でその責任を考えると気が重くなったりする。支援者が集まるカンファレンスなどで、以前は割と自由に発言していたように感じるが、今は「社会福祉士として」の言動が求められているかと思うと、適当なことは言えない。資格を取得して1年あまり、未だ社会福祉士として働くことに折り合いがついていないようだ。

10 「まだ得ぬアイデンティティを想像する」わたし

通信制の福祉系大学では社会福祉士の実習があり、ある事業所へ行った。そこは児童を対象とした施設で、約1ヶ月間ひたすら掃除をした。児童が学校へ行っている日中は掃除をし、夕方帰宅した児童と少し関わって終わり、という日が続いた。これはないだろう、と思った。初めて経験する福祉の現場がこれだったら若い学生の方々はどう思うのだろうか、と考えた。そこで、私たちの事業所では、福祉の現場って、もしかしたら楽しいのかも、と思ってもらえるような実習を提供したいと計画している。近い将来、学生の方々を受け入れられるよう準備を進めている。

利用者の方々へは今まで以上に、自身のペースで楽しく働くことができる環境を提供し続けていく。

ここまで長々と私の物語を読んでいただいた。沖縄ダルクで薬物使用が止まったのが26歳で、現在53歳までの27年の間にこのように様々なアイデンティティを手に入れてきた。どれも自ら望んで手に入れたものではなく、その時々起こることに対処してきた結果、得ることができた。

そんな私がアイデンティティの中で一番大切で、一番気に入っているのは「回復中の薬物依存者」である。自助グループ内のメンバーとの関係性は何物にも変え難いものだと感じている。パートナーや子どもとの家族というコミュニティは途中で解散があり得るだろう。「原家族」もそうである。でも自助グループのメンバーは何があっても自分を受け入れてくれるという安心感があり、自分も受け入れる。決して見放したり見捨てたりしない。自分がどんな状態でも一緒にいてくれるコミュニティを私は他に知らない。どこにも行く場所がなく、地図を片手に訪れた最初のミーティング場でメンバーたちから「ひとりの人として接してくれた」安心感は薄れることはなく、年を重ねるごとに強固なものになっている。私はこれがあるから今日も他の役割を頑張ることができるのだ。

この先、アディクトとしてどのように生きていくのか、将来のことを考えるのはとても楽しく、ワクワクする。また、アディクトが住む社会の変化も同様に楽しみである。私は、将来、アディクトという言葉がただの個性程度の意味づけになったらいいな、と思う。アディクトだからといって差別や偏見はあってはならないけれど、逆にアディクトだから許されるというのもどうかと思う。特別扱いではなく、平等であってほしいと思う。

40代で通信制の大学で社会福祉士の勉強をしていた時「すごいですね」「立派ですね」と声をかけられることがあった。「アディクトなのにすごいですね」と言われ喜んでいるうちは、それに甘えているのだと思う。つまり、過去、いろいろあったけれど、今はこうして頑張っている自分って、どうだすごいだろう、って感じである。本当は学ぶ時期に学ばず、嫌なことから逃げ続け、ネガティブな感情を即座に消し去り、快のみを求めた結果、40代で学校に行っているひとりの人間なのだ。周囲の賞賛にいい気になっていたらいつまでも甘えたがりの子どものままだ。

私はゆっくりでもいいので、甘えん坊の子どもから平等を求める大人へ成長していきたい。

（1）沖縄でお盆の時期に踊られる伝統芸能。先祖をあの世に送り出すため、歌と囃子に合わせ、踊りながら地区の道を練り歩く。

第2章 切りとられない歩き方

山田ざくろ

はじめに

私は薬物のアディクトで、薬物使用が止まって20数年になり、現在は、仕事と子育ての毎日でバタバタと忙しい日々を送っている。福祉の仕事に携わり13年、社会福祉士になり、3年が経った。今回、執筆の声をかけてもらった時には、どこにでもいるような団地に暮らす子育て真っ最中の私の話を読んでくれる人がいると思えず、私に書けるのかも不安だった。でも、いつからか感じている私の心の小さな違和感や、モヤモヤを言葉にしてみるのは自分にとって大切な気がして、書いてみることにする。

1　母×地域——モヤモヤのきっかけ

薬が止まって十数年、母になり、地域でママ友を作りながら暮らすようになったある日、近所にダルクができた。赤ちゃんをベビーカーに乗せて近所の商店街をママ友と歩いていると、50代のダルク入寮者がタバコを吸いながら私に話しかけてきた。彼らは自助グループで顔を合わせているアディクト（依存者）の仲間だったが、ママ友には、自分がアディクトだと話しておらず、「今の知り合い？」と聞かれ返事に困ってしまった。その時の私は、慣れない育児で母になろうと毎日必死だったので、話しかけてくる仲間に困惑した。それと同時にアディクトである仲間のことを迷惑だと思う自分に罪悪感もあった。確かに薬を止め始めた頃は、薬をまた使う日がくるのでは……と怖くて、薬を使った頃の辛い記憶を忘れないように、自助グループで毎日体験談を繰り返し必死に話し、ずっとアディクトであることを語り続けていくのだろうと思っていた。でも、出産してからは「アディクトである私」から、朝から晩まで寝食など全てが子ども中心の待ったなしの生活に一変した。ママ友とは、同じ時期に出産したというだけで笑顔で挨拶をかわし、公園では子ども同士を介して交流が否応なしに始まる。ママ友を前にすれば、話す事は育児の悩みと明日の天気や今日の夕飯のことで、「アディクトである私」について話す機会などあるわけもなく、むしろ我が子に起きる影響を考えると、アディクトであることはバレないようにする必要があった。そして目の前の子どもにとっては、私がアディクトであるより母であることの方が大切だったが、自分がアディクトだということを忘れてしまえば、再度薬物を使用してしまう不安もあり、「アディクトであること」と「母であること」をどうすべきか悩み、どうすればよいのかわからない時期だった。そうした日々は、いつでもどこでも〈アディクトでいる〉自分の他に、自分と自分以外の人生を大切にしながら生きている時間でもあり、この頃のことが後に感じる違和感やモヤモヤを考えるきっかけにもなっているように思う。

2　アディクト×病院と自助グループ

私の10代は薬と精神病院の往復で、それを話すと不憫そうな顔をする人もいるし、閉鎖病棟や隔離室での怖かった経験や看護師にすごまれ、怖い思いをした病院もあった。でも、依存症専門病院を選ぶようになってからは、病院での生活は私が安心して過ごせる居場所となり、最後の入院生活は2年10ヶ月と長かったけれど、主治医は人生の恩師だと思っている。

主治医は自分のことを〈依存症当事者〉だと言い、診察はいつも「自助グループには行っていますか？」と、それだけを聞かれることが多く、自助グループにも連れて行ってくれた。断酒、断薬について教えられることもなく、説得されるわけでもなく、いつもニコニコ笑っていて、「早く退院して高校にも復学しなきゃと思うけど、家には帰れないし、薬も止め続けていける気がしないし、もう消えてしまいたい」と泣きながら話す私に、「自分が医師になったのは30代なかば過ぎてから。そのうえ、依存症にもなった。でも僕はこうしてあなたの話を聞いている。だから大丈夫。きっといつかできる日がくるよ」と言った。その時はまだどう生きればいいかわからなかった私は、主治医を羨むくらいにしか思えず、いじけていると、「自助グループに行って答えが見つかるといいね」と言い微笑んでいた。今思い出すと主治医にたくさんの時間をかけてもらった。そのおかげで、長い入院生活の中で自助グループの仲間たちに出会うことができた。その仲間たちとは、話したり、一緒にご飯を食べたりして過ごし、退院後も自助グループに通い、毎日のように交流を続けた。

ある日、自助グループに通うために原付免許の試験を受けることにした。簡単に受かるはずの試験に2回も落ちてしまった。私は恥ずかしくて、きっと自助グループの仲間たちに馬鹿にされると思っていたら、仲間たちは「バカだー！」と大笑いし、試験勉強に付き合ってくれ、応援してくれた。その時「バカ」と言われたのに嬉しかったのは、笑って応援されたからだ。出来ない自分のままで始める勇気をもらい、失敗を共に受け入れてくれる仲間たちのおかげで、はじめての資格取得ができ、その後は大型バイクの免許も取得し、アルバイトもできるようになり、気づけば仲間の中で薬を使わずに楽しみながら生きていけるようになっていた。

3　ヘルパー×介護職／支援員×作業所

福祉の資格であるヘルパー2級を目指したのは、薬物の使用が止まって15年くらい経ってからである。私は二児の母となり、以前にくらべ思うように自助グループに通えずにいた頃だった。ヘルパーの学校では、相談できる人も失敗を一緒に笑ってくれる人もいなかったので、いつも緊張していたことを覚えている。それでもヘルパーの資格は大きな試験もなく取得できた。早速、資格を生かして働こうと、訪問介護の仕事の面接に行った。ヘルパー2級の証明書を手に面接に行った日は、資格を持つ人の仲間入りしたような気持ちでとても嬉しかった。だが、訪問介護の仕事は人見知りで掃除が苦手な私には合わず、そのまま仕事を続けていくうちに神経の病気で腕が動かなくなり、介護の仕事は辞めることにした。退職の手続きに行くのが怖くて、なぜか腕に必要のない三角巾を巻いて行った。仕事に就いて3ヶ月で退職する自分が情けなく、手続きを終えた帰り道、不要な三角巾を外した時が一番情けなかったのを覚えている。今でもその当時のことが情けない記憶になっているのは、あの時、笑ってくれる仲間がすぐ横にいなかったからだと思う。

その後、興味のあった知的や身体の障害を持つ人の作業所に履歴書を出し、パートとして働き始めた。わからないことばかりで失敗だらけの私に、先輩職員が隣でたくさんのことを優しく教えてくれた。いつも必ず「でも、山田さんのやり方が合うこともあるので」と言ってくれたが、それは、障害を持つ人の可能性を決めるのは私たち支援者ではないと教えてもらっていたことだったようにも思う。ニコニコ笑う上司からは、「根拠がある支援を常に考える。新人かどうかは関係なく、プロでいてください」とも言われた。そこでの支援は正解がないからたくさん考え、正解がないから失敗し、また考える。なにが原因で、なにを工夫したらできるようになるのか。一人ひとりのことを見てたくさん考えた。その人が抱える障害を変えることはできないけれど、できないと決めつけず、可能性を探すことが私の仕事であり、できなかったことがちょっとした工夫でできるようになった時に、それを一緒に喜べることをやりがいに感じていた。そして、意思疎通が難しい人も多くいたので、「その人が望むことはなにか」を大切に考えることを教わった職場でもあった。それでもわからないことのほうが多く、たとえば作業所では、自閉症の人が「いつも持ってきているハンカチを忘れた」「来るはずの人が休んだ」などでパニックを起こすことが度々あった。原因がわかることもあれば、わからないこともあり、わからない時はその原因を探ったり、落ち着くのを待った。その日も作業所職員の誰一人として原因がわからないまま、大きい声を出す利用者の対応に困っていると、送迎のヘルパーさんがやってきて、「天気予報の雨の時間がずれたから」と教えてくれた。毎日、色々な天気で共に歩いたからこそ知っていたことで、支援とは共に歩くことだと教えてもらったように思う。その日から、私はその利用者と肩を並べ一緒に空を眺めながら、天気予報で雨の時間の確認をするようになった。

ある日そんな職場で家族の仕事について聞かれた。当時、私は既婚者であり、私の夫はダルク職員だった。それまで職場では、「私はアディクトだ」と言う必要はなく、聞かれる機会もなくやってきた私は、ダルクというだけで、それだけで何者であるかわかってしまうこの質問には、答えるのをためらった。ところが実際には「ダルクは聞いたことがあるよ」とだけで終わり、ホッとした。だが、「もしかして、山田さんも依存とか経験あるの？」と聞かれて、うっかり「はい。最後に薬を使って10年以上経ちます」と答えてしまった。きっと「依存症の人」として見られてしまう…と思ったその時に、「社会福祉士とか興味ない？　勉強するといいよ。知識は人生と支援の幅を広げるから」と声をかけられた。自分にそんなことできるわけないと答えると、「できるできる。向いている。学ぶことは大事だよ」と上司は笑って言った。そんな上司の笑顔を見て、原付免許の時に笑ってくれた仲間の顔や、かつての主治医の笑顔を思い出した。職場には、他にもパートの職員が福祉士の専門学校で国家資格の受験資格を取得していて、自分がアディクトではなく、その人たちと同じように一人の人として評価してもらえていることに嬉しく思ったし、福祉の制度や障害の専門的なことなど、なんの知識もなくやっていることに限界も感じていた。もっと良い支援方法や、新たに見える世界があるんじゃないか。資格取得に興味を持ったが、その時はまだ自分には無理だと思い、「いつかやりたい」とだけ言葉にした。

４　女性×ダルク

作業所で勤務していたある日、ダルクのスタッフから、「女性の施設を作るための準備委員会に参加してもらえないか」と声をかけられ参加しているうちにパート職員として誘われた。ダルクで仕事をするということは、「自分はアディクトである」と言いながら仕事することだと思っていたので抵抗があり、また、ダルクスタッフの中には、「社会ではやっていけないから」「スタッフくらいしかできない」と言う人もいて、私もそう見られるのかと思うと、正直、嫌だった。同時に、なぜダルクの人たちが自分たちのやっていることを否定的に言うのかも、モヤモヤと変な感じがしていた。障害者の作業所で勤務していたこともあり、スタッフと利用者のお互いが支え合う〈ダルクのスタイル〉は、他にはない〈横のつながり〉で、むしろ、他の支援職ではできないことが多いように見えていた。そのことは、ダルク以外で回復してきた私だからこそ見えているような気がして、大好きな職場を離れて思い切ってダルクに転職することにした。

転職したダルクでの私の配属された部署は女性の通所専門だったので、シングルマザーや暮らす家がない人、時には薬物を再使用するなど、様々な事情を抱えた女性たちが通っていた。最初の頃は、無意識にその人がアディクトであることや薬物使用のことだけに注視していて、「薬を止めたいなら毎日、通所してください」と言っていた。私自身、薬を止める際には、〈自助グループに毎日通って薬が止まった〉という経験からそう言っていたわけだが、実際には毎日通えない人が多くいた。毎日通うやり方で薬やアルコールが止まる人はいいけれど、通えない人はどうすればいいのか。通所する人数が少なければ、市からの補助金がなくなってしまう[1]ということもあり、「毎日来てください」と声をかけることもあったが、どうしたら来られない人が来られるようになるかを同時に考えていた。本人の暮らしに目を向け、その人の話を聞きながら、「毎日来てください」という声かけは「週のうち何日なら来られそうですか?」という、〈一緒に考える〉ことに変化していった。徐々にアディクション（依存症）の問題だけ取り組んでいては、いつかは薬物を再使用したり、ダルクのことが嫌になったり、本当に困った時や苦しい時に相談に来られる場所ではなくなってしまうと考えるようになった。私自身も病院から出るのが怖かったこと、バイクの免許で落ちたこと、合わない仕事に就いてしまい必要のない三角巾を巻いて退職したことなど、たくさんのことがあった。だから、恩師の主治医や自助グループで出会ったアディクトの人たちがいつも私のそばにいてくれたように、私もダルクに通う人と一緒にいようと思った。また、障害者の作業所で教えてもらった「その人が望むこと」「その人の可能性を決めつけないこと」を大切にするようにした。こうして自助グループで学んだことと、それ以外の社会で学んだことを生かして働くようになっていった。

ダルクでは学校や行政、医療機関など様々な場所で「依存症の当事者」として話す機会があったが、暮らしに目を向けるようになると、いつからか薬物乱用防止教室などの講演で体験談の話をすると居心地が悪くなり、話をするたびに、今までのいろいろな経験やたくさんの人に出会ってきた私の人生が消えてしまうような違和感を感じるようになった。振り返ってみると、依存症であることを負い目に感じるより先に、薬を使わずにはいられない日々に「依存症」という名前がついた。名前がついて安心もしたが、それよりも私の体験談を聞く人が涙をすることや褒められることを「私が依存症だからだ」と感じるようになった。いつからか体験談を語ることで何人が涙するかな？　とか考えるようになった。そこには〈話す私〉と聞く人の「依存症者」「健常者」という大きな隔たった関係があり、それを感じることは「私はこの人たちと違う人間」で「かわいそうな人なのだ」と感じ、孤独を感じることでもある。それは過去に自分を傷つけていた時と同じ感覚だった。それに気が付いてからは自分の過去をさらけ出すような無理な体験談はすることをやめた。「依存症を観る人」を俯瞰して観る自分が必要だったのだ。

それと同時に、私は薬物乱用防止でよく使われる「ダメ。ゼッタイ。」という言葉は言えず、学校講演で教師から「もっと生徒が怖くなるようなリアルな薬の話をしてくれてもよかった」と言われて困ったことがある。私は学校講演に行くときは、必ず生徒の中に「薬で困っている子や、親の薬で困っている子もいるかもしれない」と考えて行くことにしている。なぜなら、ダルクには子育てしながら通っている人もおり、私自身も高校生で薬物を使用し、今は子を持つ母だからだ。怖くなるだけの話はリアルではないし、薬物を使うことで何とか生き延びたと思うところもあり、また、否定や評価されることで相談できなくなることを知っているからである。生きるのに困っている人が罪悪感や劣等感で相談できなくなるようなことは予防でも防止でもない。自殺防止やいじめの授業と薬物乱用防止の授業は求められる事柄が明らかに違い、経験を自ら話すことはあっても、怖がらせてほしいと言われることには強い違和感を感じていた。薬を止めはじめた頃は、自分の依存症の話が誰かの役に立つことがとても嬉しくて違和感を感じずにいたが、地域での子育てや仕事の経験を経たあとで、何年かぶりに〈アディクト〉として呼ばれ、「薬の怖さを伝えて」と求められた時、その相手が求めている〝使っていた頃のことだけを話し続けること〟は、私の人生が相手に切り取られてしまう感覚がして、寂しくも悔しくもあった。この違和感の中にいて「薬物依存症当事者」であることだけを求められ続けたら、もう一度薬物を使う日がくるのではないかと不安を感じた。切り取られたと感じた場所（学校や地域、医療などでの講演）にいた人たちも「教師」「保護司」「医師」「ソーシャルワーカー」などそこにいる立場だけで切り取られている。だとしたらそれは職業やその職務のプロであり確かに必要な意識だ。でもアディクトのプロになったらあとはもう使うだけかもしれないと危機感を感じる。

薬が止まったばかりの頃、「メッセージは生き残った依存症者の責任だ」と一緒に薬物乱用防止の講演活動に連れて行ってくれた同じ依存症の仲間がいた。その仲間はずっと講演を続け、薬が止まって10年以上経ってからこの世を去った。そんな風にいなくなった仲間は一人や二人ではなく、その理由がこの時に少しわかったような気がし、生き残った私の責任のようにも感じて、このままでいいのかと感じた。

しかし、その危うさについて説明しようとしても、相手は私を薬物依存症者としか見ていないと思うと話せなくなり、自分を守るためにも何らかの専門性をもった資格があったなら……と考えるようになった。

5　学生×学ぶ場所

その頃、ダルクには精神保健福祉士を目指して通信制の大学で学び、試験勉強をしていた同僚がいた。私が羨んでいたら学校を紹介してくれた。社会福祉士と精神保健福祉士の2つを目指そうと決めたのは、障害者の作業所の所長に「あなたはこの仕事に向いている」と言われたひとことと、女性の支援では広い分野での資格が必要だと感じたこと、それと、国家資格を取得したら男性の多いダルクの中でも臆さずに意見が言えるようになるのではないかと思ったからだった。仕事と育児の生活で2つの資格を同時に目指すのは私にとって荷が重く、まずは社会福祉士を目指そうと通信制の専門学校に入学した。

社会人が通う社会福祉士の通信制の学校では、職場を聞かれることが多く、ダルクで働いていると伝えると「資格取得したら転職できますね」と言う先生がいて、別に転職ありきで来ているわけじゃないのにそう見えるのかと驚いた。逆に精神保健福祉士の学校では、先生や生徒もダルクのピアスタッフに興味がある人が多く、嬉しく思った半面、どちらにも「当事者である」という目で見られているという違和感もあった。それでも楽しかったのはレポート作成とスクーリングをこなし、慣れないことに不安もあったが、義務教育以外にまともな学校生活の経験のない私には学べる新鮮さがあったからだ。

社会福祉士の勉強をしている時、依存症回復支援施設の職員に向けた研修に参加した。研修では、カタカナの専門用語や難しい言葉が多く、当事者でもある回復支援施設（ダルクを含む）の職員になりたての人たちは、このカタカナで自信喪失し、「自分には無理だ」と、過去の学歴（ドロップアウト）や挫折体験が呼び起され、怒りや退屈に感じるのではないかと思いながら、会場内を見渡していた。なぜなら私自身も子どもの頃、父のお酒の相手をしなくてはならず、勉強する時間がなく、中学の学校の成績はあまり良くなかった。結果、意地悪な男子にからかわれ、さらに、遠まきに見ている女子の目線など、学びに対する自信になるような記憶は一つもない。勉強ができないと刻み込まれ、偏差値が県内で下から数えて3番目の高校に進学した。その学校ではみんな私と同じくらいの学力で学校生活は楽しかったが、ただその時期に薬を覚えてしまい、学校に行けなくなり、留年し退学した。定時制高校に編入したが、そこでも薬物を使用し退学し、それから通信制高校を3校転学し、在籍年数は通算8年あったが、卒業できなかった。なぜか、この回復支援施設職員研修に参加して難しいカタカナ用語を聞いていると、その勉強ができなかった頃の記憶や挫折が思い出された。なぜ社会福祉士の学校のような新鮮さが感じられないのか。私が国家試験の勉強を始めた頃、資格を取得している、いわゆる専門職の人たちが、皆、当然のことのように過去問を何回やればいいとか、勉強は何時間やったとか、勉強の仕方を教えてくれたが、どれも今まで勉強したことある人の意見であり、私には無理な気がしてしまった。それで、資格をもつアディクトのダルクスタッフに勉強の方法を聞いてみた。

その人（アディクト）は、「とにかく問題を解くんだよ。わからない問題でも選択肢から答えが匂うまで。やれば匂うから」……匂う？　匂うことなんてあるのかと思ったが、「匂う」という言葉は、私にはワクワクするほど感覚的によくわかった。薬の匂いをかぎ分けるように答えからも匂うのかと思ったら、なんだかできる気がして、それからテキストをボロボロにすることと匂うことを目標に勉強することができた。本番である国家試験の頃には、わからない問題からも匂いを感じれるようになった。その人（アディクト）は難しく感じてしまうことを、私に理解できる言葉で話し、試験後は「想像するよりも試験行くなんて簡単だったろ？」と言い、落ちた時も「どうせまた来年、受けるだろ？」と失敗を受け入れてくれた。

依存症からの回復支援においては、専門職の人より、ダルクスタッフの方が断然上手なはず。なぜなら、薬を使ってきて同じように薬で困ったアディクト同士だから嘘を見抜くし、見抜いた上で受け入れたり、なにせ薬のことは体や脳で感じてきた。それはテキストや講義で教わるよりわかりやすく、当事者としての先いく姿は苦しい人への希望となる。専門家とはなんなのか、資格を取得したら専門家なのか。私も資格を取得したら専門家になるのか。「ここでの専門家はいったいどっちなのだろうか」と色々なことを考えた。そして、もしこの研修（回復支援施設職員研修）が私たち（アディクト）

にわかるような言葉で話されていたら、私たちが普段何気なくしていること（サポート）が、実は専門家の人たちが難しい言葉をつけているような支援なのだと知ることができ、自信がもてるのではないか。上手く言葉にはできないが、依存症当事者と専門家に分断された一方通行の研修を受けてきた私たちに必要なのは専門家から学ぶことではなく、別の場所でもっと自由に学ぶことではないかと感じた。

結局、社会福祉士の国家試験には2回落ちて3度目で取得。その後に精神保健福祉士の試験に受かり、精神保健福祉士の登録証はこの原稿を書いている期間に届いた。仕事、家事育児、早朝の勉強……大変な日々で毎日があっという間だった。試験勉強は思い出すと吐き気がするのに、なぜかとても楽しい思い出となっている。誰かと比べることもなく、蛍光マーカーや付箋を使うことにワクワクしてただひたすらに学べることが嬉しかったのだと思う。

6　退職×新しい始まり

私が勤務するダルクで女性支援の部署が開所して8年目を目前に終了することが、この原稿を書いている最中に決定した。そして部署が閉所することに合わせて私も退職となった。突然のことで、「私の8年や、皆で作った8年間はなんだったのだろう。このまま何も言わず、なにも決められず終わるのか」と、続けられなかった自分の無能さと無力さに力が抜けた。

「あの人はこんなことが得意で、あの人は声かけが優しいな……」「あの人は仕事の休みには必ず顔を出してくれる……」と、施設にいる一人ひとりのことを思い出していたら、自分でもわからないが、どうせ終わるなら、最後に声を出してみようと新しい居場所の立ち上げを思い立った。

確かに私一人では力はないけれど、ダルクに集まった女性たちの力は無能でも無力でもない。困った時にお茶が飲める場所、なんとなく来られる場所。「手芸品作って売りたいね」「惣菜作ってほしい」「ぜんざい屋おもしろそう」「子育て、誰か近くにいてほしい」「洗濯物干せるベランダやテラスほしい」「野菜の直売所の近くがいい」「パン屋が近くにあったらいいな……」、みんなで希望を言い合って終わることより、これからのことを考えている。暴力のない安全な場所、酔っていても安全に寝られる場所……依存症の施設なのかわからないが、皆のライフハック（知恵）を持ち寄りながら安心して集まれる場所を皆で作りたいと思う。

どんな資格を取得しても「専門家になった」とは感じないが、それでも公証役場や法務局へ申請に行き、自分たちだけでなく地域が求める場所はどんなところかを考え、法律や制度について考えられるようになったのは、資格の学びのおかげだ。資格は喪失した自信を取り戻すきっかけにもなってくれた。新しい団体を立ち上げるために作った名刺には、まだ住所もメールアドレスもなく怪しかったが、「社会福祉士・精神保健福祉士」と書くことができたおかげで不動産屋で話を聞いてもらえた。市役所などに行く際にも資格はお守りのように感じられた。「持ってて良かった国家資格……」と何度も心でつぶやいた。そして何より資格に助けられると思うのは、団体の立ち上げの不安に圧し潰されそうになった時に資格を生かした再就職が選択肢の一つとしてあることだ。それは子どもとの暮らしを守ることができるという安心である。ダルクを退職する際に菓子折りを持って挨拶をした。そこにいた専門家に優しい笑顔で「普通の社会人みたいな挨拶できるのですね」と声をかけられた。優しい笑顔で悪意など感じずアディクトらしく生きるダルクで普通の挨拶をしていると、むしろ親密さを込めていたのだと思う。私はとてもモヤモヤし、免許で落ちた時の仲間に「バカだー！」と笑われ応援されることと、なにが違うのだろう。そこには「同じ時」を過ごしてきたか、これから一緒に過ごすのかその違いだと思う。あの時お菓子を一緒に食べ、これからのことを共に悩む人であったなら、きっとこのモヤモヤはなかったと思う。ダルクの外にいた時も、ダルクで働くようになってからもダルクは社会のなかの一つだと思って生きてきた。上司の「働く以上、プロでいてください」この言葉のとおり、プロでいることは大切だと私も思う。しかし、専門家と言われる人たちも様々な困りごとで頭を悩ませることがあるだろう。そう考えると誰でも何らかの当事者であり、だから「当事者」「支援者」という隔たりを感じるこの言葉にいつもモヤモヤする。専門家と言われる立場でいる時もこのモヤモヤを忘れずに大切にしていたい。でももしかしたら支援していると思っている人たちにとって「当事者」「支援者」「アディクト」「普通の人」この言葉は自分を守る大切な境界線なのかもしれない。だとしたら私はこの境界線を行ったり来たりして、その境界線が少なくできたらいいなと考えると、モヤモヤが少しだけワクワクに変わる。

今回、専門家としての立場から見えるものを書けたらと思ったが、どの立場も全て私自身であり、幾重にも折り重なった出会いや経験の一つに、アディクトであることや社会福祉士や精神保健福祉士の資格があり、私自身を作り出していることに気付く。私のことをアディクトとしてだけでなく、一人の人として私の人生を尊重してくれた医師やアディクトの仲間たち、上司や同僚、そしてまだ言葉にできない部分も多くあるけれど、私のこの独り言のようなモヤモヤを言葉にする機会を与えてもらったことに感謝している。なぜなら、私が書ききれていないこともこの本を一緒に書いている人たちが言葉にしていてくれていたからだ。読めばきっと答えが匂う本になると思う。

（1）　運営のため地域活動支援センターの制度を活用していたこともあり、利用者がいないと国からのお金が得られない。

第2部

アディクション当事者とは誰か

第3章 わたしも一緒だよ

かみおかしほ

はじめに

わたしが支援者として働くようになってから出会い関わった仲間が何人も亡くなった。

わたしと同じように若くしてさまざまな要因により生きることがどうにもできなくなってつながった仲間たちに、自分を重ねてしまった。

生きていてほしかったな。おばさんになって、あの時かわいかったよねー、馬鹿だったよねーと話したかったな。

これまで仲間が亡くなっても何も感じなかったというか、どう感じたらいいのか、どう感じたら変だと思われないかを考えていた。

支援者というのか、仲間のサポートをする立場になって「思い」ができた。自分のことだけ考えなくてよくなって楽になった。

現在わたしは、ある精神保健福祉センターで依存症相談員として働いている。また、子育て中のこともあり子どもがいる依存症の仲間の支援や居場所がつくりたい（みんなでうちの子どもたちの子育てをしてほしい）と思い、何かできないかなー、協力してくれる人いないかなーと考えている。

1　わたしについて

どのように生きていきたいのかがみえないし、自分にできると思えない。漠然とした不安からアディクションは止まらない。

ダルクや精神病院をつかいながらなんとか生き延びてきたが、ふつうにみんなができることをわたしは何もできないことをわかっていた。

初めて依存症と言われたのが18歳。精神病院入院中に親がダルクをみつけてきたのでダルクにつながる。なかなか安定せず全国のダルクを転々とした結果、21歳の時に当事者のスタッフのいない専門職スタッフのみの施設に入寮した。利用者には依存症（アディクション）の仲間が多かったが、抱えるアディクションの種類もさまざま。集団行動や制限の多いダルクとは違って個別性が高く、一人で行動することが多かった。自助グループも一人で行くし、部屋も個室。移動も一人だし、携帯も持っていた。

ただ、施設は朝昼夕と手作りの食事を用意してくれておいしかったけど、痩せたいわたしにはそれが大変だった。冷蔵庫にパン屋さんのおいしいパンがたくさん入っていて、睡眠剤を飲んだ後自分の分以外もたべてしまった。豆から挽いたおいしいコーヒーも出してくれたし、淹れ方も教えてもらった。

２　当事者主導ではないことの楽さと寂しさ

施設に当事者スタッフがいないことは、とってもさみしかったけど、好かれたいと思わないでいられるのは楽だった。

「ダルク女性ハウスがわたしの居場所なの。そこにいつかは戻れるから、ずっとここにいるわけじゃないから」と思うことで安心していた。

何不自由ない生活はさせてもらっていたのだけど、わたしの育った家庭には緊張感があり、正解はわからないのだけれども、間違ってはいけないという空気がながれていた。

両親に好かれたかったので、なんとなく正解だろうと思う行動をとってきた。

わたしの本当の気持ちや話を聞いてくれる人はいなかった。

親はそんなわたしの振る舞いに騙されてくれた。

だから、（当事者ではない）専門職のスタッフも同じく、わたしのことバレないなー、こんなに騙されてくれるの？？　こんなに良くしてもらって悪いなー、と思っていた。

施設に入所しながら、夜は、自助グループにも参加していた。若かったこともあり、自助グループの先ゆく仲間たちがかわいがってくれた。

10年以上クリーンタイム（断薬に伴う回復期間）がある女性の仲間２人がわたしのそばにいてくれた。一緒の時間をたくさんすごしてくれたし、すごくほめてくれた。家に呼んでくれて家族の中にまぜてくれた。生活をみせてくれた。子育てしているのをみていた。一緒に遊んでくれた。

色々真似して生活してみるようになった。

そして、その仲間たちにはわたしの行動はばれていた。

彼女たちは、「わたしも一緒だよ」と経験を伝えてくれた。仲間は自助グループのミーティングで体験談を聴いており、ある程度どんな人かわかるのでつきあいやすい。

わたしは緊張が強く、人がこわかった。他人の顔色に敏感だし、ほんとはどう思っているんだろーと裏の裏まで考えてぐるぐるしちゃう。

だから、先ゆく仲間のありのままなかんじ（わがまま）が、「一緒にいていい」と言われている感じがして、すごく楽だった。

専門職のスタッフへの違和感もあった。同じ立場ではない。馬鹿にされている感じがする。わかってもらえない感じがした。仲間に話すと「当事者じゃないから、ほんとのところはわからないんだよ。わたしたちは同じ様に感じたり、失敗してきたりしたからねー」と話してくれて、安心した。

自分では「何もできない」と思っていたわたしを、自助グループの仲間たちが頼ってくれることもうれしかった。でも距離もちかいし、それだからこそ嫌なところもみえ、仲間の悪口を（専門職である）施設のスタッフに話した。

3　「仲間」になれないわたしと「学び」への意欲

わたしは18歳からずっと、ダルクを含めた依存症関連の施設にいたので、ふつうのひとの感覚とすこしずれていたかもしれない。

特にあの時代の依存症の仲間たちはすごくぶっとんでいた（笑）。わたしは10代だったし、歳の離れた仲間たちのような、さまざまな経験はわたしにはなかった。

専門職のスタッフには何人も同世代のスタッフがいた。

でも、わたしは昔から年上の人が好きで、同世代には興味があまりなかった。興味がなかったのか諦めていたのか、対等な関係、横の関係のつくり方があまりわからなかった。

子どもの頃から一緒に登下校する子もいなかったし、みんなどうやってそういう仲になるのかわからなかったし、誘われたら遊ぶけど、誘い方がわからない。

そして、なんとなく羨ましくて同級生たちを馬鹿にしていた。「あんなものが楽しいの？」とか……。

「平凡な生活になれることだよ」と施設のスタッフにいわれた。

専門職スタッフたちの普通の生活をみせてもらって、真似したいところは真似した。社会のこと、一般的な（とされる）ことを教えてもらった。さまざまな領域のスペシャリストの人たちの話も聞けたことは面白かった。

実は隠れてお酒はのんでいたし、男の人との関係でもごちゃごちゃしていたが、スタッフから「学校にいってみたら」と進められた。ダルクのスタッフになりたかったので、精神保健福祉士になれる学校にと思ったが、専門職スタッフに「無理だと思うよ」といわれた。

その理由は聞かなかった。聞いたら傷つくと思ったのか聞けなかった。そして何かやりたいと思ったら、すぐやらないと気がすまないわたしは、保育士をめざすことにした。それは、ダルク女性ハウス（上岡陽江代表、東京都）で母子プログラムをやっているから、そこに混ざれるかも……という思いがあったからだ。

今となれば、その学校選びやその先の進路について、もっと相談できていればよかったと思うが、突っ走ってしまった。

4　葛藤

保育の専門学校に入ったものの、すぐ学校にいけなくなる。仲間の中では、少しずつでも自分でいられるような気がしていたのに。人が怖かった。でも、その理由はカッコ悪くてはなせないまま、ほかの理由をつけてやめてしまった。

そしてすぐまた、そんなに調べもせず通信制の保育の短大に入学する。「ピアノは習っていたから大丈夫」と、なんにも考えていなかった。

教科書が届いても、ずっとひらけなかった。なにからはじめていいのかわからなかったし、完璧なものをしあげなきゃと思ってしまい、教科書もみてないのに図書館で何冊も本をかりてきてよんでいた。

人にどう思われるかがきになりすぎて、話しかけてくれた人がいたのにもかかわらず、スクーリングで友達がつくれなかった。スタッフや親は手伝うよといってくれるが、どうしてもレポートができなくて、「とりあえず書いてきたら直すから」といわれても、なにからどう書いていいのかわからず、ぐるぐる考えるだけで取り組めなかった。

何度も「やめよう」「できない」と思ったけど、通信制の学校は学費もやすく、それに今までの自分のことを考えると、ここでやめると、また他のことがやりたくなるのはわかっていて、やめるのをとどまった。

とりあえず学費は払うものの、5年ぐらいはなにもしなかった。

その頃バイトをしてみた。仕事はスーパーで、すぐに午前中だけからフルタイムになった。バイトに行く前や休み時間には施設に顔をだした。

何もなくてもふらっと寄って顔をみて、ひとことふたこと話せるのにすごく助けられた。

スーパーのほうも仕事を覚えるまでは楽しかったし、職場の人たちにもよくしてもらっていたのだけど、やめてない短大のことはずっときになっていた。ずっとやらなきゃととらわれていた。フルタイムで働き自助グループにもほぼ毎日かよい、ミーティング後も仲間と食事に行き遅くに帰る毎日。

このままじゃできないなー。

とりあえずパソコンができるようになるといいかもと、スーパーをやめて職業訓練へ。そのまま続けて職業訓練で、ヘルパー2級もとった。

達成できたーと喜びがあった。

少しずつ手伝ってもらいながら、レポートもやりはじめ、実習もなんとかやりとげ、最後の2年間、気合をいれて全部で11年。保育士になれた。実習先は施設の代表に紹介してもらえた場所だったため、なんとかやれたのかもしれない。

5　専門職者へ――施設で働く

短大在学中、施設の代表に「仲間のサポートをする仕事がしたい」と伝えていたら、グループホームの当直のパートスタッフとして働かないかと誘ってもらえた。夕方出勤して朝まで。

施設では、仲間たちとおしゃべりした。自分もお風呂に入ってダラダラした。たまには仲間を病院につれていったり、夜中起こされたり、お酒飲んできた仲間が歌っていたり……。いきなり怒鳴られたりもした。

「わたしも一緒」という思いがあり、このゆったりしたかんじがすきだった。

やがてその施設のグループホームの世話人として、常勤職員になった。

施設のスタッフはそれまで〈当事者ではない専門職（ＰＳＷ等）のみ〉で、わたしのような当事者のスタッフは初めてだった。施設の代表から、「スタッフたちが当事者と働く準備ができたので、やっと当事者スタッフを入れられました」といわれた。仲間に入れてもらえない感覚があった。「専門用語がつたわらない」という意味だったのかもしれないと今は思うけど、当時はさみしかった。でも、スタッフ会議にはいれてもらえた。専門職の見立てかたもみせてもらえた。

はじめ、職員会議で話されていることは「自分のことだ」「こんなふうにみられているんだ」と思ってしまうことも多くつらかった。これまでの社会経験の乏しさ、そこからくる自信のなさもあり、同世代のスタッフと自分を比べて苦しくなった。

スタッフにご飯に誘ってもらえたりしたときに、対等にみてもらえているのかなーと思っても、いやいやそんなことないと自分を卑下していた。

また、そんな自分にくらべてダルクのスタッフたちは生き生き仕事をしているようにみえて羨ましかった。いつもダルクに遊びに行っては、愚痴をきいてもらい、そこの雰囲気に癒されていた。

「わたしが作りたいのはこういう（ダルクのような）居場所なのに、わたしが働いている場所はなにか違う」という葛藤をいつもかかえていた。

どんどん施設の形態がかわっていっていた。制度もどんどんかわっていっていた。

わたしが利用していた施設とは場所の大きさもスタッフの人数も施設の形態もかわっていっていた。目的もなくダラダラおしゃべりしたり、反対にしなくてもいられるところ、みたいな場所ではなくなってきていた。

働いて3年くらいがたち、少しずつ仕事になれてきた。

新しくつながる仲間たちには〈自分がやってもらって嬉しかったこと〉をしたいと思った。いままでたくさん優しくしてもらったから、優しくなりたいと思った。

仲間と過ごすのは楽しい。仕事とプライベートの境目はあってないようなものだった。

電話がかかってきたらでるし、休みの日に一緒にご飯食べに行ったり、遊んだりした。

反対に、（施設の方針で）自助グループにいかないメンバーや12ステップをつかわないメンバー、処方薬のことなどなど、同じ依存症でも、自分が回復してきた方法とちがうやりかたになかなか自信がもてなかった。

専門職のスタッフにいつも引け目があった。

ふつうじゃない自分。ここでも〈ふつう〉にとらわれた。

資格を取れば何かかわるかもと思い、通信制の大学に入り直した。

その頃子どももができ、ちょうど産休育休中にＰＳＷ（精神保健福祉士）の資格は取れた。専門職のスタッフの中で働いているので、専門用語も色々わかってきた。これは資格を取る時、とてもラクだった。

だが、資格も取れたし、「これから（周りの専門職スタッフたちと）同じ土俵にのるの？？」と思ったらこわくなった。

わたしふつうになるの？

大人になる、責任をとるのが嫌なのだなと思った。

だから、〈資格を取る〉それだけでは何も変わらなかったと思う。

やがて子どもが産まれ、子育てとの両立がわたしには難しいと思った。仲間がすきだったし、仕事をはじめたら24時間仲間から連絡もくるかもしれない。器用にできない、子どもをおろそかにしてしまうと思った。

せっかく資格を取って（給料が上がるはずだったのに……）何年か専門職としての経験をつみ、いつかは自分で施設を作りたいと思っていたのに、辞めることにした。そして地元に帰ってきた。

10代で地元を離れてるし、コロナだし、気軽に会える友人は近くにいなかった。

はたらいてた施設の研修がオンラインであって、それにはかかさず参加していたものの、やっぱりオンラインだとすこしさみしかった。コロナで自助グループのオンラインミーティングも盛んになり、それにもでていたが、やっぱりリアルで行ける場所が欲しかった。

6　地域で専門職として働く

地元のダルクのスタッフに、「せっかく資格も取ったしこちらでも何かしたい」と話したら、精神保健福祉センターの薬物依存症の家族会に行くから一緒に参加して、相談してみたら？　と声をかけてもらえた。

そして精神保健福祉センター相談員になることができた。

仲間にそのことを話したら、「私が電話した時にしほがでたら安心する」といってもらえて、すごきたい。

どんなことが求められているんだろう。小さなことでいいので、わたしのできることをみつけてい

っている。相談に来るひとたちに自分が当事者ってことを話す？　話さない？

センターの職員にはわたしが当事者だと話しているが、これからどうやって働いていけばいいか迷

くうれしかった。

わたしは依存症の世界にもう20年以上いる。なかなかスムーズにはいかず、色々な施設や病院を利用した。

依存症の仲間の支援には、「失敗した体験こそが宝なんだよ」と仲間に言われた。だから、しほはもっと自信もっていいいんだよって。

いつまでたっても自信がもてないわたしに、繰り返し「そのままでいいんだよ」って肯定してもらえる。そしてわたしには全国に仲間がいる。仲間に聞いてもらえると思ったら失敗できる。これが一番の強みかなって思う。

精神保健福祉センターのようなところは移動も多く、ほぼ初めて依存症に関わる人も少なくない。専門職になったからこそ、わたしにできることを模索していきたい。

このまえ相談の電話がこわくてとれなくて、他の人にお願いしてしまった。

やらないとできるようにならないのに、うまく話せなかったらはずかしいーという気持ち、職場に

迷惑をかけてしまったら困ると思ってにげた。

ここではわたしは依存症の当事者スタッフで、なんにもできない〈みそっかす扱い〉はされてない。他の非常勤の人と同じように扱われているはずなのに……。

７　専門家に感じる違和感

ずっとふつうになりたいと思っていたが、いまもなかなか自信がもてない。専門職と呼ばれるふつうの人と働くつらさ、「ふつう」の人からの目線が自分のスティグマを強化していく。配慮してくれる言葉、態度を卑屈にとらえてしまい、どうせわたしなんて……となってしまう。

その反面、「依存症だから大目にみてね」と思っていた自分。

知り合いの病院勤務のＰＳＷ（精神保健福祉士）も、病院のなかではマイノリティだからつらいという話をきいた。わたしはあそこ（専門職スタッフの施設）でマイノリティだったからつらかったのかもなー。まだうまく言葉にできない。

いつも支援される立場、配慮される立場、みそっかす。当事者、ピア、責任はもてない。専門性がない。資格を取るまでは、ある意味区別できた。「どうせわたしなんか」という気持ちでいられた。

専門職の人たちと働いてきての違和感。むかし先ゆく仲間に言われたように、本当にわたしたちにしかわからない部分はあるんじゃないかと思う。

（当事者ではない専門職スタッフに）わかった気になられると、心を閉じたくなる。

8　当事者が専門機関で働く時に感じる違和感

とりあえず10代のどうにもならなかったわたしは39歳まで生き延びられた。ずっと「ダルク」で働きたいのに働けない。でもこわいなー。大好きな場所はお守りにもっていよう。

地元にかえってきて両親との関係が濃くなった。地元なので昔のことがフラッシュバックした。両親のことは恨んでいないけど、自分の思いを、「ほんとはこうしてほしかったんだ」と思い切ってはなしてみた。言えたら関係がフラットになった。ラクになった。

だから専門職の人、ふつうの人に対しても、わたしは「それは嫌」とか、「わたしはこう思う」とか「こうしてほしい」って言っていいんだよねー。

いままで違和感に口をつぐんできた。でも、これからはちゃんと言葉にしたいと思っても、つい力んでしまい、からまわりしてしまう。練習が必要だね。迷惑かけちゃった仲間ごめんなさい。

依存症の本人であることと、センター職員であることのあいだでときどき、葛藤や違和感を感じることがある。それとなくセンターの職員にその違和感を伝えてみるけど……。

自助グループがちゃんと利用されてない？　ように感じる。

相談者に「わたしは同じだよ」と伝えたいけど、立場はセンターの職員。どうする……。

次に書くのは、実際に感じた違和感だ。個人情報に配慮して、事例は少し手を入れてある。

９　Ａちゃんとの関係

ある施設に遊びにいった時のこと。あるかわいい子（Ａちゃん）から、わたしが働いていた施設に「いくかもしれません」って声をかけられた。本心ではちょっと嫌だなーと思った。わたしが付き合っている人は女好きだから、その子に目がいっちゃったらやだなーって思った。

（もしかしたらわたしも若い時に女性の仲間たちにそう思われたことはあるかもしれない……冷たい態度とられたことがある）

けっきょく、Ａちゃんが入寮してきた。

やっぱり男のスタッフとの恋愛で相手（男性）が薬物を使ってしまう。

ほんとにかわいくて、人懐っこくて、生きづらそうで、くすりがとまらなくて、わたしと似ていると思った（Ａちゃんほどわたしはかわいくないけどね）。

自分に自信がなくて、だれかにどうにかしてもらいたい。

昔の自分を外からみているかんじだった。

わたしは女性の仲間たちに対し、「わたしには手に入らないものをたくさんもっている」と思っていた。

クリーン（薬物を使わない期間）をつづけていき、仕事も仲間も家族もできた。もしかしたら、Ａ

ちゃんもわたしのことを「たくさん持っている人」と思っていたかもしれない。

Aちゃんのまわりにもたくさん応援団がいたし、みんなAちゃんのこと大好きだったけど、信じられていなかった。

Aちゃんは高校に行きたがっていた。わたしは高校を中退。大検（現在の高卒認定）をとったが、本当は高校に行きたかったという思いがある。わたしの経験は伝え、高校に行くことを勧めた。応援したかった。

それなのに、わたしはAちゃんにどんな対応をしたらいいのか、自分の思いよりも先に専門職のスタッフの目をきにして、彼らの考えを勝手に汲み取って、板挟みな気持ちになっていた。

Aちゃんと自分を重ねすぎてしまったかもしれない。

わたしのこの行動は、今までわたしが関わってきた専門家の人たちとの間で培われたスティグマによって突き動かされただけかもしれない。

そしてわたしは産休育休になり施設をやすんだ。甘え上手なAちゃんはわたし以外にもたくさん連絡先をもっていたし、わたしが関わらなくても大丈夫と思っていた。わたしも妊娠中で体調もわるかったし、鬱っぽくなっていた。

久しぶりに会ったAちゃんはすごく痩せていて綺麗だけど、すごく不安定にみえた。生まれた子どもたちに会いにきてくれて、プレゼントも持ってきてくれた。

Aちゃんが亡くなったと連絡が来た。

わたしが彼女を助けられたとは思わないけれど、これからは違和感をそのままにはしたくない。

おわりに——専門職として仲間と出会う人たちへ

時間がかかるということ

39歳になってやっと10代の時の話ができるきがする。この年になれば、だれでもつらい経験はたくさんあると思う。特別なことがおきたわけではないのに、まだ自分が壊れそうで怖い。

子どもの頃から自分のことを誰かに話すことをしなかった。聞いてくれる人がいなかったし、誰も自分のことを話す人もいなかったから。話し方もわからなかった。自分におきたことも気持ちも自分でなんとかするために、子どもの頃は食べ物に癒しを求め、それが薬物、男性などの病的な依存となっていった。

紆余曲折ありながら、ちょっとずつ良くなったり、悪くなったり、ずっと同じところにいるようにみえたのに劇的に変化したり。その歩みに伴走してほしい。

「やさしくしてもらったことは、その時反応がなくてもすごく大切に、ずっと心にもっているということ」

18歳で初めて入院したとき、依存症のプログラムがある病院が近くになく、九州まで飛行機に乗って入院しにいった。荷物が少ないわたしに看護師さんが笑顔で自分のリュックをかしてくれたこと。

そのあと弱った時にわざわざ2回も飛行機に乗って入院しにいった（笑）。

何十回目かの1ヶ月のクリーンのとき、仲間がこっそりメッセージ付きの小さいプレゼントをくれたこと。

「人のことばかり気になるわたしたちに対しては「自分の身の回りのことをやれるようになる」という提案も大事だけど、仲間ができることと役割ができることで生きられるのだから、そのサポートをしてほしい」


わたしがダルクや自助グループにつながれてよかったなーと思っているのは、おたがいさまいろいろあり、細くてもながーく付き合っていける仲間に出会えたこと。

「わかったきにならないでほしい。こんな病んでいるわたしたちのことは、あなたたちにはわからないのだから。『教えてほしい』といわれたら教えてあげる。先回りしないで。そういうスタンスで関わってくれるとうれしい」

わたしたちはすごく敏感で被害者的なところがある。あなたたちのこと、すごくみてるよ。

あなたが疲れた顔しているだけなのに。

嫌われたと思って、もうこれなくなるかも。

ある精神科の先生は診察の時の髪型も服装（白衣）もなるべくかえないようにしているらしい。

「責任を取れるようにならないと、自分がきらいなまま。失敗をサポートしてね。勝手にわたしたちの限界をきめないで」

施設や自助グループで仲間の失敗を聞けたこと、話したら聞いてもらえる、失敗が誰かのためになるかもと思えることが、なにかはじめるときや、つらくてやめたいときに本当に役にたった。

特に若い人の場合、ほとんどなにも経験せずに支援につながってくる場合も多いと思う。命の危険以外は、恋愛だって仕事だって、「なんでもやってみなー」って言いたいな。

今まで言えなかった分言わなきゃーと力がはいってしまった。なかなかむずかしい。それもはずかしいし、申し訳ない。でもみんなに迷惑をかけながらわたしもいろいろ経験していくしか、成長できないと思う。がんばろうと思う。

３年後

41歳になった。

センターで働いて3年。あいかわらず仕事ができない。非常勤で毎日職場に行くわけではないのでぜんぜん慣れないし、電話も苦手なまま。

ぐるぐるして帰ってくるのも変わらない。帰り道死にたくなって車で仲間に電話をしてきいてもらったり、大声でさけんだり。社会人としてほんとに使えなくて嫌になる。

仕事で依存症の親と関わる機会が多い。話を聞いているうちにフラッシュバックして悲しくなることもある。職場で自分が依存症だし、トラウマがあることを話しているので同じ相談員の人は気にかけてくれる。

うちの父は失敗できない人で、それをみていてわたしも失敗したら死ぬしかないと思っていた。わたしの学生時代のことを母と話した時、ただ「あの時つらかったのを気づいてあげられなくてごめんね」といってほしいのに、欲しい言葉はもらえない。母はわたしとそんな話になると母も子どもの頃にフラッシュバックをする。なのでしかたない。高校で不登校になった時に、わたしの素行不良にしか目がいかず、何が起こっているか聞いてくれる人はいなかった。

亡くなった仲間とわたし。たまたまわたしではなかっただけで、わたしも死んでいてもおかしくない。

そして相談に来る当事者が本当のことを話せているかはわからないよなと思う。

子育てしていて気づいたことは、わたしにはスキンシップが足りなかったってこと。もっとベタベタ甘えたかったんだと思う。今は子どもにベタベタできるので満たされている。

そういえば、ダルク女性ハウスで仲間とたくさんベタベタしたと思う。

ハグしたり、肩をもんでもらったり、さすってもらったり、手をつないだり、抱きついたり、ぺたーっとくっついたり…

人が怖かったけど、みんながやさしかった。そしてあったかいかんじがした。

ずっとふつうになりたいと思っていたのが最近変わってきた。

夫がダルクに転職するかもしれないということで、最初に夫が1人で見に行き、わたしも1人で見に行くことになった。北海道ダルクのとおるさんとのりちゃんが付き合ってくれた。とおるさんは荷物が多い。当直にたくさん入るからと布団も車に積んであるし、喘息で吸入機も持参。冷たい水がいつでも飲みたいからとクーラーボックスに氷と水がはいっていて、氷が固まると水筒にはいらないからとアイスピックも必須だという。ゲームのためにスマホを2台もっている。

のりちゃんの実家に泊めてもらった。とっても素敵なお家だった。亡くなったお母さんの選んだ素敵なものや、のりちゃんの作品、家族の写真がセンスよくあった。のりちゃんに美味しい朝ごはんをつくってもらった。

もうふつうじゃなくて、ヘンでいいや。ふつうになるためにもう一度勉強して大学も一応卒業できたし、資格も取れたけどあいかわらず自信がない。これからは自分のありのままを磨いていかなきゃなと思った。

いろいろやってみるんだけど、直ぐ飽きちゃって好きなことも得意なこともないんだよな。

第4章　世界一受けたい作業療法

ハチヤタカユキ

はじめに

僕は今、作業療法士として精神科クリニックでリハビリに従事している。また自らが代表を務める「株式会社ＤＭＷ」を運営して、医療でカバーできない分野（予防、支援者支援、当事者支援等）に力を入れている。今回僕が伝えていきたいことは、一人のアディクトとしてリカバリーを続け専門家になった過程と、今感じている思い、そして世の中を取り巻く依存症領域への偏ったイメージと事実に解離があること、そうしたイメージがアディクトの回復や家族・支援者の効果的な関わりの障壁になりうること、そしてそれらのことは真実に気づくことで変えていけるのだということだ。この文を通して、今困って迷いの中で混乱されている方々の希望となれたら幸いである。

1　全ての始まり――ダルク入所

僕がダルクにつながったのは２０００年の夏。地元のダルクに相談に行き、スタッフから地元での回復は難しいと説明を受け、隣県のダルクを紹介してもらった。精神病院から2度目の退院後に実家で自殺を図り、集中治療室行き。自殺に失敗して綺麗に希望がなくなってダルクに行く流れとなった。

自分に何が起きているのか？　どのようにすればうまくいくのか？　これまで自分の頭で考えたベストチョイスに従って生きてきただけなのに……大混乱はいつからなのか？　ずっと困っていることにも気づいてなかったように思う。

ずいぶん後になって専門校で医療を学ぶ中でわかったのは、自分がＡＤＨＤでなおかつ愛着に障害があったということだった。幼い頃から多動で衝動的、見通しが悪く頭の中はいつも騒がしいため、家でも学校でも怒られて怒られて育った。怒られることは感じないことで乗り切るのは、最も負担の少ないやり方だった。自分は自分でいいんだ～なんてコトバは遠い未知の世界の話と捉えていたように思う。自分を認めるにはあらゆる条件や他人が必要だった。

ダルクで出会った仲間たちは本当にいい仲間たちだった。しかし依存症はそんなことなど関係なく猛威を振るう。自分も仲間も日々欲求と戦い、薬の再使用を繰り返し、施設を飛び出したり入院したりしながら日々を今日一日と言い聞かせ乗り越えていった。いつの間にか気がつけば僕が一番長くいる入寮者になっていて、一年が過ぎた頃にダルクのスタッフになっていた。ダルクに来た当初は半年くらいで退寮する予定であったが、ダルクで働くという全く計画になかった目的が与えられて生きる目標ができた感覚だった。自分の経験を活かして誰かの役に立つなんて想像もできなかったことに心底喜び、どんな仕事でもＮＯと言わず一生懸命ダルクに貢献しようと努力した。この時期は忙しく未熟が故に失敗だらけだったが、幸せな日々だった。

２　なぜダルクを離れたか？

ダルクを辞めるという選択肢は当時まるでなかったが、２００６年くらいからあらゆる条件が重なっていった。まずその頃障害者自立支援法が施行され、多くのダルクスタッフは行政から安定した収入を得られる代わりに多くの事務作業に追われることになった。仲間と触れ合う時間は減少し、事務室に籠もることが増えた。業務が増えたことと慢性的なマンパワー不足でさらに余裕がなくなっていった。加えて何より大切な自分のケアは後回しになる悪循環で、毎日誰かに毒を吐いていた。

今にして思えば、そもそも12ステップを実践していない中で自力に頼る生き方が破綻するのは当然の結果だとつくづく思う。現在は情報が開かれ正しく12ステップ[1]を学んだり実践しているメンバーとのつながりが可能になったが、その時は自助グループのスポンサーは相談相手という認識でしかなかった。それが如何に無謀でドライドランク[2]を引き起こす生き方かと気づくのはずっと後の話。この頃は地力と自分の「正しさ」を元に突っ走っていた。かつて自分がスタッフにしてもらったような共感し寄り添うような関わりはしていなかった。この頃の利用していたメンバーにはつくづく申し訳ない気持ちになる。

スタッフを始めてから6年が経ち、薬をやめた後は？　というプランが皆無だった僕は、日々の業務の中で疑問や不満が募っていった。なぜ回復のプログラムに乗る人と乗らない人がいるのか？　つながった当初は雲の上のような存在であったオールドタイマーが再使用したり自死したり、豊かに生きられていないのは何故か？　どれだけ頑張っても自分にOKが出ないのは何故か？　ダルクを離れたメンバーが何故こうもうまくいかないのか？　やり方が間違っているのではないか？　自分やメンバーに何が起きているのかもっと勉強したいという思いが芽生えていった。

同時に、当時付き合っていた女性との将来も考え始め、「ダルクはスリップしたら即解雇……だったら家族は路頭に迷うなぁ」というぼんやりとした不安で悩んでいた頃、福祉の領域で働いていた彼女に「理学療法士という資格があって給料もいいみたいよ」と聞いて早速調べてみた。ダルクもリハビリセンターなので、リハビリに興味があったが精神的なものを学びたいと常々思っていたのでさらに調べていくと、「作業療法士」という精神も扱う業種があると知り興味が湧いた。初めて聞く業種であったが、内容を調べていくと「身体、または精神に障害のある者～治療・指導・援助を行う」とあり、内容には主体的に活動に参加できるよう支援することや「遊び」をリハビリに取り入れるという記述を見て「ダルクのスタッフみたいだ」と感じて心が弾む思いになって、夢中で調べ始めた。それまでクリーンになったにもかかわらず鬱々としていた日々に、光が差し込むような気持ちになっていた。

僕がダルクにつながった時は12ヶ所ほどだった施設も、この頃は倍ほどに増えていた。近藤さん始め第一世代の仲間は居場所を作ってくれた。その恩恵は計り知れない。その後の第二世代の仲間はダルクを日本中に拡げてくれた。僕はその恩恵を受けたが、自分にできることは？　まだ答えは出ていないが、今はダルク以外に多様な可能性を見出していくことがその一つかもしれない。

3　専門校入試まで

厳しい状況の中でも何とかダルクの業務をこなし、日々を騙し騙し生きていく中で、徐々に限界を感じ過ごしていた。その内ダルク以外どこでもやっていけそうな変な自信が湧いてきて、「そうだ、もう人間関係に苦しまず人里離れた山奥で刀鍛冶として生きていこう」と恐ろしい決断に至ったのもこの時だ。スポンサーは反対はしなかったが、弟子入りに行った先の職人さんに諭されて我にかえった。本当にやりたいことを自分に問い直してみたら「勉強したい」という思いがあることに改めて気づいた。この頃は交流のあった三重ダルクの市川さんとも相談しつつ、あまり前例がないが全国的に見ると専門校に入りライセンスを取ろうという仲間がわずかながら存在したことも、大きな後押しをしてくれた。

早速学校について調べていくと、ちょうど地元の実家の近くに専門校があるのを見つけた。そして何より夜間のコースがあったため、昼間働きながら通えるのであれば経済的な負担は少なくてすむので、第一候補は決まった。ある程度の見通しを立てて、ダルクを離れて学校に行こうと思うと、５人の信頼できる人に相談した。過半数が賛成してくれたら実行に移そうと決めて相談したところ、３対

２で賛成を得た。反対の一人は母で「あんた勉強なんかしたことないやんね。第一うちに金はないよ」と一蹴された。確かに、中学校２年生で勉強をやめると言って机を捨てたのを鮮明に覚えている。どこからわからないか本屋で参考書を眺めていくと、バッチリ中二から先が全くわからなかった。

親の援助が受けられないなら奨学金とアルバイトで何とかしなくてはと考え、諦めず勉強を始めた。入試は現代文と英語と小論文で、何から手をつけていいかわからなかったが、スイッチが入ったらわき目もふらず力が湧いて勉強に取り組めた。

そんな矢先に実家から祖父の訃報が入った。加えて高額の遺産を遺してくれていたらしく、母から学校のお金が出せると連絡があった。何という祖父の置き土産、全て流れのままに委ねた方がうまくいく。結果からしかわからなかったが、現在も自力で得たものはたかが知れている。ほとんど全ては想定の外から得たように思う。精神病院の保護室から心療内科で働く姿が想像なんてできるわけない。

ダルクをやめて学校に行きたいと当時の責任者に伝えたところ、快く受け止めてくれた。その後はオープンキャンパスに行き、部屋を引き払い、地元の予備校に通い若者に混じって勉強した。この時31歳だったが、ダルクの重圧から解放されたことと勉強のことだけ考えられることに喜びを感じてエネルギーに溢れていた。入試はまさかの一発合格。あの履歴書でよく通ったなぁと驚いた。前職は大分ダルクと書いたが、認知が行き届いていなかった様子。最終学年で正直に話して大問題になったのはもう少し後の話。

4　専門校時代から卒業まで

流れに任せて追い風を感じていたが、唯一ダルク業務の引き継ぎは困難を極め、入学後も度々ダルクでの業務を余儀なくされた。実家に帰り、夜間学校に通いながら昼働き、彼女とは遠距離恋愛、週末はダルクの引き継ぎ……今考えると、よくできたもんだと感心する。さらに選んだ仕事は早朝５時から勤務の弁当屋で、夕方まで働き18時から授業が始まる。21時に授業が終わって帰ったら気絶するように寝る。この時どう感じていたか？　ダルクのスタッフよりぜんぜん楽（笑）。何よりやりたくてやる勉強が楽しくてしょうがなかった。加えて夜間の学生は働きながら、中には子育てしながらも学ぼうという意識が高い人が多く、本当に恵まれた環境だった。

第一回のテストだけ勉強の仕方がわからず４教科欠点を取ったが、勉強の効率的なやり方をクラスメイトに聞いてからは、卒業するまで欠点を取ることはなかった。テストに関しては頭の良し悪しではなくやり方なんだなぁとつくづく感じた。学生生活は慣れてくると遊ぶ余裕も出てきて、遊びながら勉強、仕事、恋愛も破綻することなく続けていくことができた。ダルクのスタッフをやらせてもらって得た経験値が役に立ったように思う。しかしながら夜間学校のためミーティングには出られず、自分のケアに関しては完全に放置状態であった。手付かずの問題は卒業後働き始めて表面化する。やはり何よりアディクトの中心に置くべきは、12ステップでありハイヤーパワー(3)だ。エネルギーに満ちている時は気づかないことも多い。

自分が薬物を使い続けた地元に帰ることは、やはり危険も多い。しかし、僕の場合はかつての友人たちも応援してくれた。僕に薬を教えたバンドの先輩も、薬をやめて一級土木施工技士を目指すため勉強していた。時間が合う時は二人で、近所の児童図書館で教材を広げて勉強した。回復の過程ではあり得ないような出来事も起こる。かつて違法薬物や攻撃的な音楽でつながっていた者同士が勉強でつながるのもその一つだ。

専門学校には実習といって実際の医療現場で実践を学ぶ授業がある。長期実習は二ヶ月に及び、資格取得における難関の一つだ。ストレスの対処や人間関係はダルクで嫌というほど身に付けたが、自分の胸から腕にかけて入っているタトゥーが実習先で発覚した時のことが不安になった。実習先でバレるより先に担任に話しておいた方が無難ではないかと判断し、タトゥーやダルク出身だという話も打ち明けることにした。クラスメイトやアルバイト先では割とオープンにしていたので、抵抗はなかった。かつて打ち明けて後悔したことがなかったし、むしろ関係が良くなることが大半だった。加えてその時僕は3年生になり多分優等生の部類だったので、学校も受け入れてくれるという甘い見通しがあった。

結果は大問題となり一週間ほど職員会議が開かれ、結果は「刺青を消さない限り実習には行かせない」という運びとなった。今にして考えると、作業療法士の国家試験の欠格事由には当てはまらず、学校の規定にも記されていない。完璧なアカハラだが、自身の権利を主張できるほどこの頃はタフではなかった。世間というものに対して薬物依存症者という負い目のようなものが、相手の主張を優先させた。後に続く仲間には、負い目は実体のない思い込みであることを声を大にして伝えていきたい。

刺青除去に一番喜んだのは母だった。当然だが、ずっと消してほしかったとのこと。90万円の手術代は快く貸してくれた。刺青除去には様々な手術があるが、自分の場合は削皮法という真皮まで削り取るだけという原始的な手術を選択した。全身麻酔が終えて目が覚めた時から狂いそうになるほどの激痛で、どうやって帰ったのかまるで覚えてない。この日から勉強とアルバイトと刺青手術のケアという三重苦の生活が始まった。包帯は毎日替えないと傷の滲出液で死臭のような匂いになり社会生活は不可能となる。そのために毎朝冷水で洗う（お湯の方が激痛になる）、肩関節は固定して拘縮が始まり両手で顔が洗えなかったりお茶碗を持てなくなる。何より24時間続く痛みがエネルギーを奪うのがメンタルを蝕んでいった。

夏休みに手術したがリカバリーはほど遠く、新学期が始まり絶望的だった。新学期のホームルームで担任が言った言葉をよく覚えている「～くんはこの夏一皮剝けたようですね」。全く笑えない皮肉で同級生も事情を知らない。医療に携わる人間への不信感も重なり、ブチ切れて机をひっくり返し全てチャラにしようと思ったが肩が上がらずパワーもない（笑）おかげで助かった。リハビリの実習は実習着から血を滲ませながら治療を続け何とかこなして無事に終えることができた。傷は全て塞がるのに一年かかった。自分が一番リハビリが必要な体で、よく持ち堪えたと思う。社会復帰を果たしたのは他の仲間も頑張っているのだという思いと自助グループのスポンサーの存在が、当時の自分を支えていた。一人の力はたかが知れている。卒業後にわかったのは、黙っていたが刺青が入っている生徒は他にもちらほらいたことだ。これから医療職を目指す仲間で刺青除去の手術を考えている方がいたら、僕はあまり勧めない。経験したからわかったことだ。どうしてもという方は個人的意見として、一年間ほど治療に専念できる時にすることをお勧めしたい。

5　心療内科就職編

在学中は依存症や精神科領域で働くことは避けようと考えていた。それはかつてダルクの仕事で煮詰まったことと、整形領域のリハビリに興味を持ち始めたことがきっかけだった。しかし色々と考えた挙句に、大分ダルクの理事長が話していた精神科の訪問看護にも常々関心を寄せていた。精神科のアウトリーチが日本では今ほど積極的には行われていない現状もあったことや、経験や得意な分野を伸ばす方がリスタートの自分には合っているのではないかという思いが強まり、現在の大分ダルクの理事長が運営する精神科クリニックへの就職を決めた。院長とはお互いダルクの理事会で関係性は築けていたので、一緒に勤務できることをとても喜んでくれた。

２０１２年4月より現在のクリニックに就職して今も働き続けている。最初はアディクション全般の方を対象としたデイケアに配属されたが、リハビリというよりも管理的な側面が強く、自由に動くことが困難だった。デイケアから2年ほどで移動して、訪問看護ステーションで勤務することとなった。ダルクでは集団での対応が大半だったが、訪問では一対一の個別でのリハビリが中心となった。結果的により深く対人支援を学ぶ機会となった。男所帯のダルクを離れて医療現場で最も困ったのは、女性の利用者の方を理解することだった。依存症治療においても明らかな男女差があり、これまでの男性アディクト相手の正しさが通用せず、いかに理解不足であったかを実感した。最も男女差があるのはフラッシュバックやＰＴＳＤの存在だ。アディクションは生きていく中で現れた一つの結果にすぎないことをありありと見せつけられた。過去の映像や感覚が悪夢やトリガーによって蘇る。全く脈絡なく出現することも多い。女性は特に集団で傷ついてきた経験が多く、過敏な神経系は常に外敵に備え休みたくても休めない。目に見えている部分は氷山のさらに一部であるのをつくづく痛感させられた。最初の数年はほとんどうまくいかず、対話を続けて学ばさせてもらう他にはできることはなかった。

そうした臨床での困難の中で出会ったアプローチが、ＷＲＡＰ（元気回復行動プラン）だった。このプログラムは、12ステップと同じく精神的困難を抱えた当事者から生まれた。違うのは女性が作ったプログラムで、問題点を取り扱わない、予防的要素、解決を目指すのではなく元気と回復に焦点を当てる……男性が作った12ステップは「問題は何か？」から入るところがあるが、対照的で興味を引いた。すぐにセミナーに参加し、ファシリテーターの資格を取得してクリニックで始めたところ、反応を見て希望を感じた。治る・治らないの綱引きから降りるのは全てのリカバリーに関わる要素かもしれない。それは医療や認知行動療法とは異質の自助グループに似た要素だった。そして何より女性が作ったプログラムは、当たり前に女性の利用者の感度が良かった。ＷＲＡＰのコミュニティは現在日本にも多く拡がりを見せている。ダルクや自助グループとも少しずつだがつながりつつあり、今後に期待がもてる。

女性に加えて困難を感じた領域は思春期外来だ。２０１９年よりオンラインゲームやスマホ依存が社会的問題として認知され始めた頃、医療の対象としては馴染みが薄かったネット・ゲーム依存の外来を始めた。始めてすぐにわかったのは、これまでの経験や知識だけでは太刀打ちできないということだった。外来に来る若者たちの話す言語がわからない。今やっているゲーム、アニメ、カード、アプリ……すべて無知なまま始めたのが無謀だった。クリニックに来院される子どもたちは大人以上に来たくて来てはいないし、最初から話す気などない。大人に話してもわからないと思っており、事実そうだった。続かない対話の中で、害の話や治療の説明など当たり前だが聞きたい話ではない。やり始めたことを後悔するくらい先行きが見えなかった。

日本に初めて薬物依存症治療を持ち込んだ先駆者たちも同じように何度も暗礁に乗り上げてきたことは、容易に想像できる。前例がなく協力者も少ない上に世間の風当たりも強い。黎明期の先輩たちに比べたら状況は恵まれている。

思春期の子どもたちと対話を続けて、これまでの依存症と現代のゲーム・スマホ依存は同列には考えない方がいいというのが実感したことだ。薬物・アルコール・ギャンブルのエビデンスは間違いなく自助グループなど集団療法で「断つ」ことが最も回復につながる。しかし、ゲームやスマホを断つことを目標にすると当事者たちは次回からは来てくれないのは確実だ。クリニックには次も来てもらえない限り、なす術がない。そもそも私たちが過ごしてきた思春期と現代の思春期を生きる彼らとはまるで違うことも受け入れなくてはならない。生まれた時からYouTubeやスマホゲームがあるのだ。テクノロジーの進化に人類が追い付いていないし、過去の10年と今の10年の速度はまるで違う。やんちゃな不良少年にもこの10年臨床では出会っていない。

まずは彼らの世界を見て聞いて体感することだった。アニメやゲームを片っ端から体験し、わからないことは積極的に聞いた。少しずつやってみてわかったのは、自分がこの時代に生きていたら必ずどハマりするだろうなと思えるほど面白く、質が高く熱中できるよう計算され尽くしていた。辛い現実があれば容易に忘れさせてくれる最高のツールに思えた。

デメリットではなくメリットを体感することで理解が深まり、当事者と対話していくとどこまでも対話は促進した。みんなゲームの話がしたいのだ。もちろん親はかつての僕同様にゲームの話は興味がないし理解も難しい。家族以外の相談相手に早期に出会うことは予後がいいとつくづく実感したことだ。対話している中で、少しずつ「本当はさ、学校に行きたいんだけど朝になると行けなくなるんだよね」といったように本音を話し始めてくれる。困りごとを家族以外に話せるようになると、コミュニティにつながれる日はそう遠くない。当院では短期決戦は捨てている。じっくり時間をかけて対話を続けていく。その間は家族への支援も積極的に行って対応していくと、当事者たちは自ら学校に行き始めたり、本当にやりたいことに主体的にアクセスし始める。

ゲームは現在のところまだリアルの体験には勝てない。最終的には友人や恋人を作り、病的なゲーム使用から機会的な娯楽に変容していく。臨床では指示や提案は求められない限りしない。この間は治療者や支援者の忍耐力が試される。めげずに続けるというやり方は霊的な原理のプログラムで培われた。

思春期外来を始めて3年目を迎えて、進級できたり高校や専門学校・大学に受かったという報告を聞けた時は、臨床冥利に尽きる思いが込み上げる。進学や進級などは指標ではないが、共に調整不全の困難を乗り越える同志になれたことが喜びとなっている。だから結果は既に手から離れている。困った時に手を伸ばして求めてくれたことが何より嬉しい。

また、思春期外来で支援する中での気づきは数多い。その一つは、家族が傷つきエネルギーが失われてケアされる対象にもなっていないことだ。声を大にして言いたいのは、家族がまず癒されるという認識が依存症治療では優先されるよう、働きかけていきたいということだ。

６　医療に携わって

僕が精神科クリニックで働き始めてちょうど10年となる。かつて自分が医療で受けられなかった医療を提供していく目標は達成されつつある。僕は自分に何が起きているのか、どのようにすれば生きたい生き方ができるのか教えてほしかったし、助けを求めていた。世界一受けたい作業療法の提供は、まず自分が受けたいと思える治療だ。

個人的な経験からの意見だが、医療は目に見えるものや数値化できるものには恐ろしく強いし対処力がある。しかしその反面、目に見えないものにとにかく弱いし対処ができない部分がある。精神科医療で取り扱うのはほとんどが目に見えないものだ。ホリスティック医療[4]は海外で注目されたり当たり前にあるが、ハイヤーパワー・スピリチュアル・委ねる・無力を認めて任せるなどと発言すれば、どこの学会でも相手にされない。特に地方の医療はそういったぼんやりしたものを嫌う。全てではないが、超がつくマイノリティだ。近年マインドフルネスが注目され効果が目に見え始め、わずかな変化は見られているがわずかである。しかし、自分の経験も照らし合わせてよく考えていくと、良いと思われるものや素晴らしいものは全てぼんやりしている。幸せ、喜び、愛情、友情、信頼、信仰、思いやり、自然……数値化できるものは入ってない。全て多様で測れないものたちだ。

医療の世界にいることのデメリットは、なんでも医療で解決しようという文脈に取り憑かれることだ。自分でもそうなりつつあった。人間を相手にした時に医療では限界があると感じたのは大きな気づきだった。医療点数にならないものは対応できない（予防、家族支援、支援者支援、回復者支援、認定されていない治療、精神領域のオンライン治療等）。効果が高いものとわかっていても医療という枠では不可能になる。

現在注目されている北欧で生まれたオープンダイアローグは、24時間体制で家族や地域の方や専門家以外の方も参加し対話に入る。結果を出さず対話を続けるのが目的であるこの手法は、統合失調症や依存症の方々に対して目覚ましい効果を示した。従来の医療とはとてもかけ離れた手法であることは確かであり、加えて世界的な規模でメンタルヘルスに関わる医療費は右肩上がりとなっている。薬物療法、精神療法に偏りすぎた従来の精神科医療の効果は疑問視せざるを得ない。現在日本で影響力のある学会が広めている手法も、一つのやり方に偏りすぎて多様なケースに対応していくのは難しい印象がある。一つのアプローチではあるが、あまりに画一化され効果的なメソッドとして信頼には至らないと感じている。もちろん熱意があって熟達した治療者がいるのも事実だが、そうした方々は医療業界では何故か隅に追いやられているケースが多い。組織が機能的に効果があるものをいち早く困っている方たちに提供するには、いくつもの会議と承認と政治力とエビデンスが必要となる。確かに大事な要素の一つだが、エビデンスを待っていたら病気の進行には追いつけない。

医療を批判しているわけではあくまでもないが、事実を受け止めつつ、効果的な「どのようにすればうまくいくのか？」……本当に困っている人が知りたいのはその問いの答えである。対話（ダイアローグ）が注目される以前、１９３０年代にＡＡや12ステップは生まれた。ダルクが取り入れたＡＡやＮＡ[5]の手法はグループミーティングを中心とした内的な対話を促進するプログラムだ。人体の神経系や複雑性ＰＴＳＤの治療を学ぶほど、理に適っていることが見て取れる。アディクトは生来か二次的にか、内面に安心を感じられない。内側に安心がないので外的な要素（家族、友人、恋人、他人、他人の価値観、世間、社会、酒、薬物、評価、数字、金銭……）つまり自分以外で安心しようとする。うまくいっている時は良いが、欲しいものが得られないと自分以外で不安になる。

神経系は闘うか逃げるか？　の交感神経優位の状態が通常運転のため、日常が消耗戦となる。交感神経は世界を安全とは見ておらず常に外敵（他者）を見ているため、自分がどうしたいかがわからない。僕もダルクのスタッフに「タカユキはどうしたいんだ？」と聞かれるのが一番嫌だった。わからないから混乱するためだったのは今ならわかる。自分というものを見ると不全感や恥や不快がある。それを見ないように必死で自分を見ないようにしてきたので、グループミーティングで見たくもない内側を見始めた時は吐きそうなほど不快だった。しかし安心もやりたいことも見たいものも、聞きたいもの、感じたいこと、好きも嫌いも、全部自分の内側にしかないのだ。

薬物から解放され、生きたい生き方をするには内的な対話をしていくほど効果的な方法はないとつくづく実感する。闘うことをやめるか、諦めるかした時にリラックスの副交感神経系が働き始める。ダルクプログラムで言うところの「無力を認める」時だ。やめようとすればするだけ交感神経が高まり再使用につながるのは、神経系を理解すると腑に落ちる。かつての先輩たちは「やめようとすることをやめろ！」と意味不明の言葉を発していたのは、経験に根ざした実践法だったのだ。当時は理解できず禅問答みたいでイライラしたものだ。しかし不快な内側と向き合うタフさがない時に助けてくれたのは、間違いなく仲間だった。先にやっている仲間たちが楽しそうで輝いていてかっこよかったからやってこれたのは間違いない。自分が特別だと思ったことはない。先にやっている仲間に恵まれたことで今の自分がある。

以上のことからも事実からも、現在の日本の依存症治療で最も効果をあげてエビデンスがあるのはダルクモデルだ。ダルク発展の理由の一つとして、皮肉にも薬物依存の領域に国や医療がほとんど参入してくれなかったことが挙げられる。もし手厚い取り組みが為されていたら、今の当事者たちの活躍や世界にも珍しいダルクモデルは生まれていなかったように思う。自助グループやダルクの活動の答え合わせに医学が追いかけるような図式が見て取れる。

また医療とダルクの双方を体験して得た気づきは、人は多様であるということだ。無論、薬物依存者も多様である。ベースにＡＳＤがあるのか？　愛着障害か、統合失調症か、感覚過敏かＰＴＳＤか少しだけ精神遅滞があるのか、セクシュアリティの影響か？　全てがブレンドされているのか？　この多様なケースを定義づけたり、計画的に見通しをつけて治療していくなど不可能だ。結果を決めずに今日一日、自分の内側にある安心やハイヤーパワーに向き合って自分に合わせた生き方を主体的に見つけていく。やめるかやめないか？　では解決に至らなかった答えが必ず見つかると確信している。全国にあるダルクは全て多様で、同じような施設はほとんどない。どこか必ず自分に合う場所に出会えるし、ダルクは多様を受け入れてくれる場所だ。何より間違い探しを嫌うのは、創設者の近藤さんのマインドだ。多様なダルクがなぜ成り立つのか？　それはいつでも立ち帰る場所をはっきり示してくれたからだ。間違った時、迷った時、傷ついた時に仲間がいる、今日一日のことだけ考えよう、ハイヤーパワーに祈れ……指示やコントロールはなかった。僕はダルクで薬をやめろと一言も言われなかった。どうしたいか選ばせてもらえたことは感謝しかない。

　そもそも生物学ではヒトは種をそれぞれまるで違うように産み分けるようにできている。だから一つのウイルスでは死滅しないし、環境変化にも順応していける。親や他人が理解してくれないのは、本能として自分と違うようにプログラミングして産んでいるので当たり前なのだ。違うからこそ一瞬わかり合えることが尊いことだと理解できる。考え方や価値観が違うことを受け入れた時に対話が生まれる。指示やコントロールやジャッジが存在できない、本当の自由な生き方ができるようになる。

7　ライフスタイル

　ここまで仕事の話ばかり書いてきたが、アディクトにとって、仕事以外は極めて重要だと捉えている。どのように働きたいか、金はあるけど時間がない、仕事はできるがいつも怒ってる、家庭は完全に犠牲で冷え切っている……選んでそうしているなら問題ないが、それは薬をやめて手に入れたかったものかは疑問だ。飲む打つ買う以外の遊びをいくつ提供できるか？　ダルクスタッフや作業療法士にとってそれは命題だ。

ダルク時代に本当に多くの遊びを教わった。バイクをいじったり仲間で走ったり、スノーボード、サーフィン、料理、音楽に格闘技、中でもスケートボードはお金がかからないので専門校時代に始めたが今でも欠かせないアクティビティとなっている。近所のパークでは中年スケーターも増えて、毎週滑ったり転げたり生産性なく遊んでいる。無駄って本当に心地いい。加えて２年前からルアーフィッシングにどハマりして週７で毎朝釣りに出掛けている。奥さんが呆れるのは今に始まったことではないが、家事は怠らないのと毎晩一緒に夕食を食べる約束は守っているため、諦められている。アディクトは完治しない説は当たっているように思う。

結婚生活は現在３年が経過したが、よく奥さんに感謝されるということはうまくいっているのかもしれない。一人暮らしが長かったせいか家事はほぼ全般担当しているが、苦に思ったことはない。奥さんの名誉のために言っておくが、自分が好きでやっている。お金は全て相方が管理している。ＡＤＨＤの僕に家計管理は不可能だ。お互い共働きで、迷ったり間違えたり傷ついたりはしょっちゅうする。ただ帰る場所は、しっかり対話を続けることではないかとも思っている。僕としては毎日釣りに行かせてくれれば何の不満もない（笑）。結婚相手の家族には自分のアディクションの話はしていない。する必要もないと思っている。なぜならアディクトは僕のＩＤでもないし本質でもない。全てのＩＤを排除した先に本質があるというのはグランドスポンサーやマインドフルネスのマスターたちの言葉だ。

豊かな内面の世界は、自分のすべき行動やすべきでない振る舞いを示してくれる。毎朝４時に起きて瞑想、日が登る前に出掛け３、４時間釣り。その後出勤して毎日10時間ほど勤務しているが、自分でクライアントと予定は組み立てるため、自分に合わせたペースで仕事をしている。外来に来られる方と個別の作業療法やマインドフルネスのクラス、外出支援、思春期外来、精神科訪問看護、初診の面談や学校や保護観察所の外部講師など、作業療法といっても固定化しないのがスタイルなので、ダルクのスタッフに近いかもしれない。勤務後は古武術の道場に週３回通っており、１日はあっという間に終わってしまう。帰宅後は22時から夕食で、23時に寝るような生活。あまり人にはおすすめできないスケジュールだが、自分の特性に合っていて今が一番幸せを感じている。ちなみに瞑想を続けていた効果か、完全にショートスリーパーになった。やはり眠りは量より質だと思うし、疲れが取れるので、僕みたいにやりたいことが多い人には瞑想がおすすめだ。時間が大量に増える。医療の枠で見ると僕のライフスタイルは望ましくはない部類に入りそうだが、アディクトが未来に向けての歩みの中で環境に合わせる手法と自分の特性に合わせる手法は、両輪のように感じる。どちらにしても、柔軟さが生きやすさにおける最適解に近いと思うことが多い。

休日の午前中は法人の仕事が主で、オンラインのライブ配信でメンタルヘルスの講座や個別のカウンセリングを行っている。本当にやりたい仕事や本業でできないことは自分の団体で行っているため、どちらの仕事もやりやすくなった。また副業を始めたら逆に時間が増えた。この不思議な現象は、自分のやるべき仕事とそうでない仕事が明確に見えてきたことと、いい意味で無理ができなくなったことが影響しているのかもしれない。自分のケアを怠って社会を優先させたり、12ステップを実践していなかった時は、常に時間がなかった。何にしてもやってみたからわかったことだ。

8　自分のケア

どんな仕事でもそうだが、日々理不尽なことや失敗や想定外はつきものだ。加えていつも自分のコンディションも一定ではないし、パートナーのコンディションだって同様だ。自分のケアをしつつ仕事や家庭を大事に、なおかつ豊かに生きるのは、単純に考えてハードルが高い。しかし、僕たちに希望があるのは、既にそうした生き方をしている人がいて見せてもらえていることだ。僕は毎週スポンサーかスポンシーとオンラインでセッションを行い、12ステップのワークを行っている。きっとこうした時間は何より貴重で、その度に自分で自分のことを知ることは不可能であることを教えてくれる。どんな業界でどんなに立場が上がっても、スーパーバイズの機会がなくては自分を知ることは難しいと感じる。アディクションは完治しないが治療を継続することで、どんな苦難も乗り越えていける。80年生き続けている自助グループのシステムは既に完成されている。これを使わない手はないし、無料で24時間体制のスポンサーシップは医療にはできない。そうした面を補完し合って医療とも伸びていけたら理想的だと今は思っている。

おわりに

僕のリカバリーには、医療で働くことは欠かせない要素だった。かつて助けてほしい時に助けてもらえなかったことが恨みになり、その体験が糧となった時期もあった。今の医療をより良くしようと自分が受けたい医療を目指して努力してきたが、全てを医療でカバーしようとする考えを疑い始めて気がついた。ケースによって医療的でない方がうまくいくことが多い。そうした気づきから医療的でない取り組み「一般社団法人　Dis Medical Workshop」を立ち上げた。医療でできることから漏れた方や医療にかかる前の方々に対する取り組みや活動が、これからの僕のライフワークにしていきたいことだ。医療の素晴らしさは僕が伝えなくても充分に巷に溢れているし、現在勤務しているクリニックから受けている恩恵は計り知れない。しかしデメリットや疑問についてはあまり表面化していないため、今回は医療への批判的とも取れる内容になったが、今の自分には医療への恨みは一切ない。いや、ちょっとだけあるか（笑）。ただ感謝の気持ちと、当事者と医療が手を組み協力関係を築いていけることを切に望んでいる。

この文を読んで医療業界で働いてみたいという仲間がいたら、全力で協力したい。僕は医療に携わることで本当にやりたいことや生きたい生き方に出会うことができた。医療もまた多様であるので、皆さんも自分の目で確かめていただきたい。専門的な学びは自分にとっては最高の刺激的なツールになった。アディクトが薬を止める以外で何にエネルギーを費やしたいかわからなくなった時は、ぜひ試してみてほしい。もちろん医療だけではなくてどんな分野であっても、アディクトの可能性は際限がないことを忘れないでほしい。

最後に、居場所を作って生きる目標を与えてくれたダルク創設者・近藤恒夫氏のご冥福を心よりお祈りします。受け取って渡す……僕のメッセージも、かつての自分と同じく未だ苦しむアディクトたちに届くよう、これからも発信し続けていきたい。

（1）　12ステップ・プログラム（Twelve-step program）とは、嗜癖（アディクション）、強迫性障害、その他行動問題からの回復のための、ガイドライン方針のリストである。これはアルコホーリクス・アノニマス（ＡＡ）による１９３９年の著書、*Alcoholics Anonymous: The Story of How More Than One Hundred Men Have Recovered from Alcoholism*（通称ビッグブック）において、アルコール依存症からの回復手法として示された。現在では様々な組織がＡＡのこの手法を取り入れている。

（2）　飲酒はしていないのだが、考え方や行動が飲んでいたときと少しも変わらない状態。

（3）　自分自身を超えた、自分よりも偉大だと認められる「力」。アルコールや薬物などに無力であるからこそ、自分を超えた大きな力に自分をゆだねている。その力についてどう解釈するかはまったく各人に自由に任されている。

（4）　ホリスティック医療とは、魂（霊性）や環境から人間の本質そのものを捉え、治療へとつなげていく医学観のことを指す。また、このような考え方を取り入れた代替療法を行うことで、人間誰しもが持つ自然治癒力を高めることが期待できる。

（5）　ナルコティクス アノニマス（ＮＡ）は、薬物依存からの回復を目指す薬物依存者（ドラッグアディクト）の、国際的かつ地域に根ざした集まり。２０１６年現在、世界１３９ヶ国以上で毎週６万７０００回を越すミーティングを行っている。

第5章　そのアディクション、誰のもの？

山崎ユウジ

はじめに

本書刊行の2024年で55歳。3年前の春、スタッフとして約10年間過ごした薬物依存者のための回復施設「ダルク」を離れ、現在は精神科病院でソーシャルワーカーの仕事をしている。ダルクで働いている時はアディクションからの回復支援という地域社会の枠組みの中で、時には自分が依存症の当事者であることを隠さずにいることにこだわってみたり、また時には自分や他の誰かが定義した〝当事者〟という役割を演ずることに窮屈さを感じたりと、自分自身の当事者性にいつも翻弄されながら過ごしてきた。

そして、いざダルクのスタッフという職を離れて病院で働き始めた時、この身に訪れたのは「なにか大切なものを失ったんじゃないか？」という不安と喪失感。今まで与えられていた〝当事者〟という役割はもう自分のものではなくなってしまった。「僕はこれから何者として生きていけばよいのか？」「今後、僕はどんな役割を果たしていけるんだろう？」。そんな不安や恐れを越えて、役割としての〝当事者〟を敢えて手放してみた今、そこに見えてきたものがあった。

1　自助グループ

40歳になる年、僕は遅まきながら人生の「どん底」をついた。その時の僕は自らのアディクションによって散々問題を起こした末、仕事や家族などの社会的な立場をほとんど失ったばかり。自分がしたことの結果とはいえ、それはまさにどん底と呼ぶにふさわしい状況だった。やる気や元気は自分の中のどこからも湧いてこない。苦しみというよりは虚しさ。とにかく空虚。何のために、どこに向かって生きていけばよいのかわからない。そんな心境で毎日を過ごしていた。

僕のアディクションによる行動に困り果てた妻が、だいぶ昔に探して手渡してくれていた電話番号のメモ書きを頼りに、依存者の自助グループへとたどり着いた。ミーティング会場に集まっていた6～7人のメンバーはほとんどがダルクから来ている人たちで、人嫌いで緊張が解けずに固まっている「新しい仲間」の僕を彼らはとても暖かく歓迎してくれた。

それまではその存在すらも知らなかった自助グループの世界はあまりにエキセントリックで、正直いえば「よくわからないけど、ちょっと胡散くさいかな……」というのが最初の頃の率直な印象。それでも当時、社会の中でほとんど孤立してしまっていた自分にとって、自助グループは不思議と否定的なものにはならなかった。その証拠に、それから先の何ヶ月もの間、雨の日も雪の日も、僕はほとんど毎日のように自宅から何時間もの道のりをせっせと自助グループのミーティング場へと通い続けたのだった。

毎回のミーティングで仲間の口から語られる経験に耳を傾けながら、いつも自分の問題に向き合わされた。「なぜ薬物を使ったのか」「薬物を使いながら何を感じていたのか」「なぜ止められなかったのか」「どうやって薬物使用が止まったのか」そして、「止まってからはどうなったのか」。仲間と自分は生まれた場所も育った環境も違う別々の人生を歩んできた。それなのに、抱えている問題はほとんど同じだった。仲間の正直な話はとても役に立ったし、僕の正直な話も仲間たちの役に立つのだということがわかっていった。恐れを超えて、汗をかき、恥をかきながら本当の自分をその場にさらけ出そうとするメンバーたちの姿に対する驚きと憧れ、そして、他者に対してそれまでずっと隠し通してきた自己の開示を自分自身が成し遂げたという達成感と解放感で、ミーティングにどんどんハマっていった。

２　資格への興味

自分が自分のことをなにも知らずに生きてきたということ、人生のかなり早い時期からアディクションが芽吹いていたということ、とっくに生きることのコントロールを失っていたということなど、ミーティングを重ねることで少しずつ見えてきたものがあった。中でも「問題は自分自身の中に在る」ということへの気づきは大きかった。仲間の話を聞きながら自分のことを振り返り、必死に取り繕って生きてきたこれまでの自分の人生が、実はたしかに問題だらけだったことを認めることができた。

　それでも僕のアディクションはどこまでもしぶとい。「今がどん底。だからこそ、なんとかしてもう一度やり直さなくちゃ」。自分の中で消えてなくならない失望感や虚しさを感じれば感じるほど、早くここから抜け出さねば……という思いが強くなっていった。「まだやれる」。失った体裁をなんとかして取り繕いたかったし、早いところ社会の中での役割を取り戻したかった。

「なにか資格を取ろう」。今になれば、これもアディクトらしい発想だったと思う。「まずは自分の問題であるアディクションのことを学ぼう。そうすれば自分で問題を解決できるじゃないか。なんなら、それを自分の仕事にしてしまおうか」。そんな風にして興味を引かれていったのが〈精神保健福祉士〉の資格だった。資格といえば運転免許ぐらいしか持っていない自分にとって、国家資格という響きも大いに魅力的だった。確かに「これからは社会の役に立つ仕事をしたい」という使命感もあったといえばあったが、本当のところは、正気も狂気もほとんど区別がつかない当時の自分が考えついた解決策は資格を取ることぐらいだったということなのだろう。ともあれ、資格試験を受けるための勉強を始めようと専門学校を探し、翌春の入学に向けて早速手続きを済ませた。

3　回復施設「ダルク」へ

自助グループにつながって半年ほど経った頃、仲間からの誘いでダルクの手伝いをするようになった。イベントなどで仲間たちが出かけている間に施設の留守番をしたり、当時自分が乗っていた8人乗りの1BOXカーで仲間たちと一緒に遠方のイベントへと出かけて行ったり。日常は相変わらずのどん底生活であっただけに、たまに関わるダルクの世界は新鮮だったし、運転手であれ留守番役であれ、仲間の手助けをするという役割は自分も懸命に回復に向き合っているという満足感を与えてくれた。なにより、自助グループに通い始めたばかりの僕にとって、いつもたくさんの仲間に囲まれているダルクのスタッフは、スペシャルな回復者の代名詞のようにも見えていた。

そうしてダルクと自助グループにつながりながら薬物を使わない期間が1年半くらい経ち、そろそろ専門学校の実習が始まるという頃、ダルクの仲間から〝憧れの〟スタッフとして働くことを誘われた。すでに勉強を始めていた精神保健福祉士の職業イメージともなんとなく重なったし、古い仲間から聞いた「依存症は社会の役に立つ」という言葉にすっかり魅了されていたこともあって、ぜひ、やってみたいと思った。

今になって思えば、精神保健福祉士の資格取得を思い立った時と同じく、ダルクのスタッフという特殊な役割に就くことで、失われたプライドをもう一度取り戻そうという思惑があったのかもしれない。あるいは、生活費を稼ぐことや毎月送られてくる請求書の支払いに追われながら生きることにうんざりしていた自分の巧妙な現実逃避だったということもありそうだ。とにかく、せっかくのおまけの人生なのだから、与えられたこの特別な仕事を逃す手はないと、新しい場所での新しい『役割』に没頭してみることにした。

４　仲間たちの中で

文字通り〝24時間３６５日〟、仲間たちとの共同生活が始まった。ダルクへの入所経験がない自分には〈ダルクのスタッフ〉という仕事のイメージすらない（よくこんなヤツをスタッフにしたな……と今でも思う）。過去に転校や転職を繰り返してきた自分の過剰適応のクセが出て、なんとかその場に早く馴染もうとひたすら動き回ってはみたものの、きっとトンチンカンで的外れなことばかりしていたのだろう。大先輩のスタッフから言われたのは、「なにもわかってないな。そんなことをしていると仲間を死なせてしまうぞ」。実際、僕は「仲間のサポート」と称して自分がしていることの意味などなにもわかってはいなかった。

クスリを使って引きこもっている仲間を入院させるため病院に送り届け、退院する時には迎えに行き、生活保護の申請からアパートの準備まで、「助けたい。なんとかして仲間を良くしたい」と走り回っていた。プライドも自尊心もボロボロだった僕は、誰かから必要とされることにとても飢えていたのだろう。目の前にいる弱りきった仲間に頼られ、感謝されることで、「自分は役割を果たせている」という安心感を得ることができた。そうやって、仲間の中でいつの間にか自分自身が癒されていくかのようにも思えた。

ダルクで働き始めて1年もすると、腰に付けたキーホルダーには施設の出入口や部屋のカギ、金庫や車のカギと、日に日にカギの数が増え、それにつれて自分の信頼や権威も増していくような気がした。いつの間にか、仲間を助けているつもりでいて、実はそのことを利用して優越感に浸ったり、相手を思い通りに支配して満足したりしている自分がいた。人を助けることよりも、頼られ、感謝され、いかに自分が有用であるかを確認することに夢中になっていったのだ。自分のプライドや自尊心が満たされる時の心地よさが、ダルクでうんざりするような生活を続けながら、それでもなおスタッフとして働くために必要な原動力にもなっていた。

また、自助グループ、ダルクのいずれかにかかわらず、依存者のコミュニティにいる限り、ダルクのスタッフであるということは何かと便利な肩書きでもあった。スタッフと利用者という関係性は、場所を自助グループに移しても完全には切り替わらなかった。腰からジャラジャラとカギの束がついたキーホルダーをぶら下げている僕の周りにはいつも仲間がいた。スペシャルな回復者などとはほど遠い、それはまるで〝猿山の大将〟のようだった。

シラフでいると、自分に嘘をつき続けることは難しい。「自分のプライドは仲間の自尊心を喰らって満たされている」。仲間の回復は僕のエゴの餌食になっていた。ミーティングやプログラムを通して、自分がしている「人助け」の隠れた動機を知った時は、だいぶショックだった。「そんなつもりじゃなかったのに」。その気づきは、ある意味でターニングポイントでもあったと思う。身勝手に自分のエゴを満たすために誰かを利用しない、他者を決してコントロールしない。治療者は言うまでもないが、指導者、援助者にもならない。仲間を良くならせたり、回復させたりする力など僕にはないし、それは神様の仕事なのだから。こうしてダルクのスタッフという役割を続けていくうち、自分自身の生き方の方針のようなものが少しずつ出来上がっていった。

５　混乱の中の救世主？

話は変わるが、世間では危険ドラッグ（当時は合法ドラッグとか脱法ドラッグなどと呼ばれた）が流行し始めていた。また、ゲームやインターネット、買い物や万引きなど、問題をアルコールや薬物だけに絞らなければ、子どもか大人かを問わず、ＴＶや新聞、医療専門誌など、様々なところでアディクションについて語られる場面は増えていた。きっと社会にとって、この問題はまだまだ得体の知れないものだったのだろう。芸能人やスポーツ選手など、影響力の大きい有名人の薬物問題がクローズアップされれば、まさに蜂の巣をつついたかのように世間は大騒ぎし、アディクションに対する問題意識の熱もどんどん上がっていった。

医療や福祉、司法など、様々な分野における関係者の人たちと接すると、社会全体がこの問題に手を焼いていることを実感させられた。アディクションが社会問題化していく中で、国全体が模索しながらも、なかなかスッキリとした解決策にたどり着かないのだ。特に危険ドラッグによる、あからさまに奇異な事件の多発が混乱に拍車をかけた。そんな当時の社会的背景は、ダルクに対する社会の期待を当たり前に膨らませていった。「ダルクだけが頼みの綱」のような空気の中で、薬物問題のニュースが世間をにぎわす度に、全国のダルクの人たちは表舞台へと担ぎ出された。また、ＴＶや新聞の取材はもちろん、学校や医療、福祉、司法などの専門機関で催されるセミナーや講演会などでも自らの体験を話すことが求められた。社会は「一体何が起こっているのか？」を知りたかったのだと思う。

６　希望のメッセージ

体験を話すという意味で、仲間とのミーティングは決して誰にも話すことのなかった〝魂の体験〟を話す唯一の時間だった。もともと仲間同士がお互いの正直な実体験を分かち合うことは、アディクト自身の回復にとって重要なことだ。それは自分さえもが知らなかった自分自身の姿を仲間の話の中に見つける機会であり、自分と自分以外の誰かとの共通点やつながりを認める機会でもある。また、誰かの正直さや謙虚さに勇気づけられる機会であり、思いがけず誰かの役に立てた自分に誇りを感じられる機会でもあった。

アディクトが語る個人的な体験は、アディクションという自滅的な生き方から、現実に回復できるという希望のメッセージだ。なのに、学校講演の際、司会者が「では、恐ろしい薬物中毒から立ち直った当事者の方の話を聞きましょう」などと紹介される時の違和感はなんだろうか。「さて、次のニュースです。今夜は薬物中毒の当事者が語る生々しい実態についての特集です」と、声色を変えられ、顔にモザイクをかけられてメディアで放映される自分の姿に対する気持ちの悪さはなんだろう。

7　変質していった語り

社会は問題に手を焼き、解決策を求めていた。世の中の誰もが困っている時、僕は「自分たちは問題が何であるかを知っている」「自分たちこそが最善の策を持っている」という、まるで救世主にでもなったような気分になっていた。そして、小学生や中学生の子どもたちを前に「クスリなんて使うことの心地よさに耽っていた。自分の話が誰かに感動を与えたり、誰かから良い評価を受けたりと精神病院に入り、刑務所に行き、どん底に落ちるからダメだよ、ゼッタイに！」と話し、何かの役割をうまく果たせたような気がした。保護司や刑務官の集まりではいつも、「かつての自分は間違っていた。薬物を止めたらこんなに幸せで素晴らしい人間になれました」と言いたかった。家族の集まりに行けば、「家族にはとても感謝しています。これからは二度と傷つけません」と涙を流した。それがその時に〝当事者〟として自分が果たすべき役割だと感じたからだ。

体験を話し終えたあと、講演会などの主催者から「当事者ご本人の話はやっぱり真実味がありますね。恐ろしさや悲惨さが伝わります」などと言われるたびに、僕は自分の役割を再確認させられるような気がした。まるで、戦争の悲惨さを伝える歴史の語り部にでもなったかのようだ。そして、僕のメッセージは回復の希望から離れ、アディクションの絶望や恐れを掻き立てて薬物使用を止めさせようとするためのものになっていった。

もう一度確認する必要があった。僕の役割は何だろう？　なぜ話すのか？　薬物の恐怖と悲惨を伝えたいのか。贖罪を果たしたいのか。自分たちを肯定してほしいのだろうか。依存者が回復がしやすいように社会を変えたいのか。法の間違いを証明し、正したいのか。ダルクを運営するために資金が必要なのか。僕は希望のメッセージを伝えられているだろうか。

8　自分は一体何者か？

こうしてこの10年余の間で、僕はアディクションの問題によって自助グループのメンバーとなり、依存症の当事者となった。その後、ダルクに勤めるスタッフとなって働く中、時には僕自身が重度の依存症患者であり、ひどい薬物中毒者でもあった。また、元犯罪者であり、社会的な逸脱者でもあった。精神障害者として支援を要する社会的弱者となり、また逆に精神障害者の支援をする者にもなった。施設の管理者として理想的な回復者であり、同じ依存者とその家族の希望であり、とうとう善良な納税者にさえなった。

アディクションという病気が僕と社会とを繋いでくれたのは確かな事実だ。それでも、ダルクの職員として社会の中で関わった様々な「依存症界隈」の人たちとのコミュニケーションには、時折感じる窮屈さやなんとも言えないもどかしさがあった。長い間ずっと感じていながら、僕はそれを違和感などという簡単な言葉で一つにくくって傍に置き、「助けてもらっている身なのだから……」とやり過ごしてきた。しかし、一体この違和感はなんだろう。ダルクを離れた今こそ、このことについて少し振り返ってみたい。

9　始まりは一人の仲間の手助けから

ダルクで働き始めて最初に関わった関係機関といえば病院、そして市役所の福祉課だったと思う。精神病院から退院してきたある仲間の生活保護や福祉利用の申請をするために必要だったのだ。「薬をやめてちゃんとダルクに通ってくださいね」。「はぁ？　やめたくてもやめられないから困ってるんでしょ！」。生活保護の相談窓口で大声を出してわめき散らす仲間と一緒に、「私はあなたの申請は絶対に認めませんよ！」と担当のワーカーさんから、こっぴどく叱られたことを覚えている。

また、定期的に仲間たちがかかっている病院の医師に「僕らは依存症なので処方薬は要りません！」などと言ってみたり、自分の都合で何度も入退院を繰り返す仲間の再入院を断ろうとするソーシャルワーカーに、「何度も繰り返すから病気なんでしょ！」と詰め寄ってみたり……。きっと、厄介で不可思議な人たちとして、彼らをずいぶんと仰天させたことだろう。僕がダルクのスタッフを始めた10数年前でさえそうであったのだから、草創期のダルクに関わった人たちの混乱たるや如何なるものだったであろう。そんなダルクも、今や重要な〝社会資源〟の一つとして、様々な専門機関と関わりながら活動している。

10　社会の制度と回復

自分が働いていたダルクでは多くの仲間が生活保護を受給していた。また、仲間が昼間集まるデイケアセンターや夜間に寝泊まりするナイトハウスは、障害者総合支援法（かつては障害者自立支援法）という障害者を支援するための法律に基づく制度の中で運営する障害福祉サービス事業所という位置づけだった。そこでは仲間たちは薬物依存症という精神障害を持つ障害者であり、障害福祉サービスの利用者ということになる。事業所は彼らが自立していくために有用な福祉サービスを提供し、そのための費用として国から給付を得ることで運営が成り立っていた。この制度の他に、主に刑務所出所者を対象とした法務省の制度〈自立準備ホーム〉など、全国には同じように公的な制度を利用して運営しているダルクが数多くある。

こうした仕組みや制度によって生計を立てておきながら、今さらではあるが、こうした仕組みや制度はダルクの運営のために必要なものではあっても、アディクトの回復にとって有効であるかといえば、そうとは思えないことが多い。工夫しながら利用してはみるものの、制度の目的や社会的なスキームに合わせてダルク側を変化させていくことにはリスクを伴うし、デメリットも大きい。もともと仲間同士のフラットな助け合いの場であるはずのダルクが訓練をさせる場、良くなっていくことが求められる場へと変質してしまうことや、国から給付金として得られる収入がダルクを単なる障害福祉サービスの事業所としてビジネス化させていってしまう危険も孕んでいる。だから、これらの仕組みや制度はダルクを経営する上では必要だとしても、アディクトの回復支援とは本質の異なるものとして割り切って捉えていた。

時間のかかる手続きを経てようやくサービスの利用が開始できたとしても、仲間はすぐにダルクの利用をやめてしまったり、そうかと思えば、またしばらくして戻ってきたりと、周囲の苦労などはお構いなしだ。また、福祉サービスの中には利用できる期間の上限が定められているものもあるが、きっちりとその期間内に回復していく仲間など皆無であるし、外部の相談員との定期的な面談では「順調です！」、「今度こそクスリやめます！」などと言っておきながら、仲間は入退所や再使用を何度となく繰り返す。元来アディクトはそういうものだし、簡単には回復の軌道などに乗らないものだ。

11　専門家たちが共有するもの

ダルクのスタッフ在任中は、様々な専門機関に出向き、認知行動療法プログラム[1]のグループセッションに参加した。病院や精神保健福祉センター、刑務所や保護観察所、更生保護施設など、多くの異なる分野の専門機関が連携・協働していく中で、このプログラムこそが、現時点で専門家たちが共有できる唯一の道具と言ってもいいだろう。

セッションには、精神病院で治療を受けている患者や執行猶予がついて保護観察中の薬物犯の人たちが参加していて、檻の中の実験用マウスや、有名なパブロフの犬などに例えられながら、脳に対する薬物の有害性や依存者の脳が病気であることなどが説明される。また、コンビニのトイレやペットボトル入りのミネラルウォーターが薬物の使用を連想させる危険な引き金として避けるべきものであること、予め立てたスケジュール通りに生活することが良いということなどを「勉強した」。そうやって勉強しながら再発や再使用を防いでいくのだという。

僕は他の機関との連携においても有用とされるこのプログラムについて習うため、国の医療機関が催す研修会に何度か足を運んだ。医療や福祉などの専門機関から多くの専門家たちが集まる会場の中で、まるで子どもが大人の世界に入り込んだ時のような自慢げな感じに浸っていた。この身を恥ずべき存在であった自分にようやく社会的な立場が与えられた、そんな〈誇らしさ〉のようなものも感じていた。

その一方で、多くの専門家の先生方から依存症という病気のことや依存者への対応、プログラムの成り立ちとその実施方法など、つまり、当事者でない人たちから当事者である僕たち自身の病気や回復についての講義を受けながら、「いや、そんなことじゃないんだけどな……」という引っ掛かりを度々感じていた。

「そもそも僕らはネズミや犬ではないぞ」などといった無茶なクレームはさておいて、少し大袈裟に言えば、僕の人生そのものであるアディクトとしての実体験が誰かの解釈によって勝手に書き換えられてしまうような感じ、とでも言おうか。それに加えて、回復という、僕自身の生き直しの過程が、単なる再発や再乱用の防止、要するに「酒や薬を止めること」へと置き換えられてしまうような気持ちになったのだ。

12　専門家との協働

様々な分野の専門家たちが手軽に扱える共通のプログラムがあることによって、依存症支援自体も多彩な分野へと広がったようにも見える。〝表面的には〟アディクトがつながれる場所が増えたとも言えるだろう。しかし、実際のところ、専門家たちが依存者の回復支援に携わる目的は何だろうか？

患者の病気を治療したい病院、困窮者を減らしたい福祉や行政、収容者を減らし犯罪者の再犯をなくしたい刑務所や保護観察所、そして、市民の生活安全を守りたい警察など、世の中の仕組みの中でそれぞれが果たしたい目的とそのための役割を担いながら協働している。そこにいる専門家たちの目的はアディクトの回復と大いに関係があるし、遠目に見れば、当事者の回復はその回復を支援する専門家たちが目的を果たしていくためのプロセスにも見える。そういう意味では、薬物の再使用・再乱用に役立つプログラムを分野が異なる様々な専門機関が横断的に共有できるということの持つ意義は大きいのだろう。

ただ、そこでどうしても忘れてはならないことがある。回復とは単に薬物の再使用が止まることではなく、むしろそこを基点として始まる新しい生き方のことであり、アディクト自身が本来の人生を取り戻していくプロセスだということだ。回復とは、就職したり一人暮らしができるようになったりすることでもなく、また善人になることでも、立派な社会人になることでもない。いかに回復が多様なものであっても、専門家たちが果たそうとする目的のどれ一つをとっても、それ単体で個々のアディクトの回復と一義的に置き換わるようなものではない。それどころか、まったくの無関係であると言ってもいい。僕の回復は誰かの役には立っても、誰かの目的を果たすためのものではない。その相手が科学者であれ、実践者であれ、いかなる治療者や専門家であっても、だ。

何かの求めに沿わせるかのように体験談を話しながら、僕が感じていた違和感の出所はまさにここなのではないか。「僕の〝ビョーキ〟は医師や専門家たちがこうだという〝病気（＝依存症）〟とはどうやら違うようだ」などと言えば、それこそ別の病気を疑われかねない。それでも僕はそこに違和感を唱えたい。〝病気〟は治らなくても、〝ビョーキ〟からの回復は可能なのだ。

13　いい加減にやめなくちゃ

初めて自助グループへ電話をかけて「それはアディクションという病気。あなたは病気にかかっています」と言われた時の驚きと安堵を今でも覚えている。自分自身に「人間失格」の烙印を押して生きてきた当時の自分にとって、それはまさしく赦しと救いの言葉だった。そして、この〝ビョーキ〟からの回復が新しい人生そのものとなった今、アディクションは生きていく上で不可欠なもの、自分にとって必要な病気となっている。

その一方で、生活保護や福祉サービスの申請で、病院の診察室で、講演や体験談を語る場面で、認知行動療法のセッションで、そうした社会と関わる様々な場において求められる〈病気の自分〉には、言いようのないやるせなさを感じてしまう。病気を認めることがイヤなわけではない。それどころか、自分がこの病気になったことによって歩んでいる今の人生が誇らしい。ただ、自分たちを助けてくれるはずの仕組みや制度を利用するために「私は病気です」という時の「社会が必要とする病気」を押し着せられるような気持ちにはなんとも耐え難いものがあるのだ。

冒頭にも書いたが、ずっと形どおりの依存症者を生きることで安心を得て過ごしてきた自分がダルクの退職を考える時に感じたのは、「誰からも依存者とは呼ばれなくなってしまう」という不安と喪失感、心細さだった。「平凡な人生を送ることができれば満足」などと言いながら、実は平凡な毎日が退屈でたまらない僕は、〝依存症の当事者〟という役割を社会の中で担っていくことで、それまでは全く不満足だった自分自身のアイデンティティが満たされたような気になっていたのだと思う。言い換えれば、〝依存症の当事者〟としての役割を押し着せられることは不自由であったけれど、実のところそれは、僕自らが望んでしがみついていたものでもあったということだ。自分の内側にあるそうしたものを正直に認めていった時、「いい加減にこんなことはやめないといけないいな」という気持ちになっていった。

14　ダルク退職後の自分

退職を決意したものの、なにせ10年振りの「社会復帰」である。転職先を探すとしても、しばらくの間はまったく方向性がつかめずにいた。たくさんの人たち、特に全国にいる先輩のアディクト、ダルクの仲間たちが相談に乗ってくれて、おかげでパニックに陥らず（もちろん再使用もせず）に転職を果たすことができた。ただでさえ50歳を過ぎての職探しは間口が狭い。生活のためならばどんな仕事でも……というつもりではいたが、ダルクで働きながらなんとか無事に取得することができていた精神保健福祉士の資格がここ一番に役立ってくれた。せっかくなので、「この10年間のキャリアが活かせる仕事を」と探した結果、地域の依存症患者を受け入れている精神科病院でのソーシャルワーカー職にたどり着いた。病院勤務の経験がないアラフィフの自分を受け入れてくれた今の職場には心より感謝している。

今回の就活をする上で、僕は自分が依存症の当事者であることを特にオープンにはしなかった。ただ、履歴書には前職がダルクの職員であったことが書かれているので、あえて隠しているわけでもない。「わかる人にはわかる」という状態だ。実際、やんわりと聞いてくる人もいるし、ガッツリと聞かれたこともあって、聞かれれば「ええ、僕も当事者ですよ」と特に隠すこともなくフツーに答えている（余談だが、ダルクで「当事者であること」をオープンにせずに働くことが難しいのは残念なこと。今後、こうした状況は変わっていくのかもしれない）。

だから今の自分が〈当事者ワーカー〉や〈ピアサポートワーカー〉なのかと言われるとそうではなく、自分にとって「当事者である」ということは極めて個人的な背景にすぎない。言ってみれば、仕事をする上でアディクトであることは資格にも肩書きにもならないけれど、僕個人の特別な資質でありキャラクターではある、といったところだろうか。

15　どうやって役に立つのか

病院での仕事についての事細かな説明は省略するとして、実際に働き始めてみてわかったことは、病院でも僕の〝ビョーキ〟が役に立つことがあるということだ。ダルクでの10年間、精神保健福祉士の資格こそ持ってはいたが、仕事上で精神保健福祉士を名乗ったことはなかったし、名刺の肩書きにも載せたことがなかった。なにより僕自身が専門職の自覚など皆無だった。だから、こんな自分にワーカーの仕事が務まるのかどうかが不安だったし、「せめて依存症患者が一人でもいれば話し相手くらいにはなれるかな……」という程度にしか思っていなかった。

しかし、外来の待合や病棟で様々な精神疾患や精神障害を抱えた患者さんたちと過ごす時、僕は意外と役に立つことがある。先日、入院中の患者さんと閉鎖病棟のホールで話をしていた。たわいもない話と言ったら失礼かもしれないが、仲間と話す時と変わらないいつもの世間話だ。ひとしきり話した後、その患者さんは食堂のテーブルの方を指差してにこやかな顔で僕にこう言った。「不思議だね。あなたって、そこに座っていたら私らと変わらないよね」。〈精神保健福祉士〉という職名が書かれたＩＤカードを首からぶら下げてはいても、僕は変わらず当事者としての資質を失ってはいなかった。ワーカーでもあり、当事者でもある、一人の人間なのだ。当然といえば当然なのだが、僕は嬉しくなって思わずにやけてしまった。

16　ただ一人の人間として

「もうこんな生き方はしたくない！」。僕の回復はそこから始まったというのに、回復のプログラムにつながり、自由になったはずのこの10数年間はどうだっただろう。振り返って思う。自分にとっての回復が「当事者という役割を買って出るということ」だとしたら、あまりにもさびしい。それがひどい薬物中毒のアウトロー役であれ、素晴らしき回復者の役であれ、何かの役割を演じて生きる人生というのは窮屈でしかないからだ。結局、いつも僕は何かの役割を求め、その枠に囚われながら生きてきた。いつも総体としての自分から当事者としてのある側面だけを取り出して、拡大して演じてきた。過去の傷はより痛々しく、狂気はさも狂気らしく語り、自ら病者らしく振る舞った。ことさらな自由を演じることで、その実はかえって不自由な日々を過ごしていたのだ。

偉そうに言えば、生きることのどの部分を切り取って深めてみたところで、それは回復そのものとそのまま置き換わるものにはならないということだ。どの専門家も同じなのだと僕は思う。人間という問題全体のある部分についてどれだけ深く専門的に研究したところで、やはり人間全体には遠く及ばない。僕にとって「回復＝生きること」となった今、どの部分を切り取ってみても、それは回復の一部であり、僕の人生の一部にすぎない。

17　無名に生きるということ

ダルクで働き始めた当初、古いスタッフの仲間から言われた言葉が今も心に響く。「おい、ユウジ。やめたければいつでもやめればいいぞ。別にアンタじゃなくてもいいんだから」。当時の僕はこの言葉を否定的にしか捉えられず、「そうか、どうせ僕は必要とされていないんだ。代わりはいくらでもいるということか……」と、傷ついて自虐的になったものだ。いつだって誰かからの感謝や賞賛は自分のものにしたかった。「彼ではなく、僕こそがふさわしい」。貪欲に何かの役割を求め、必死にしがみついていた。

ダルクのスタッフをやめるということは、回復が始まって以来のシラフを支えてくれた場を離れるということはもとより、〝アディクションの当事者〟という社会が与えてくれる特別な役割を手放すということでもあった。それは僕にとって単に職を失うということだけではなく、まるで生きる価値を失くすかのような大きな不安や恐れを感じる出来事だった。だから、なかなか離職を選ぶことができなかったし、その直前の僕は必死に、なんとかしてその場にしがみつこうとしていた。

そして今、どんな特別な役割も担わない一人の人間としての自分がいる。意外なことに、これがなんとも居心地が良い。回復中のアディクトであることも、精神保健福祉士であることも、もはや僕が生きるということの一部にすぎない。きっとそのうち物足りなさが襲ってくるのだろう。「特別な何者かでなくてはならない」という強迫観念、「ひとかどのものでありたい」という渇望が僕の病気の本質でもあるからだ。だからこそ今、〝無名の自分〟を生きていくということが与えられているのだなとつくづく思う。

「やめたければいつでもやめろ！」と僕に言い放ったダルクの大先輩は、その後に続けてこんな言葉も残してくれた。「アンタじゃなくてもいい。そして、僕じゃなくてもいいんだから」。そういって口を大きく開けて、いつものかすれた声で笑った。そう、神様の目的を果たすのは別に僕でなくてもいいんだ。僕はもう何者かを生きる必要はない。これから僕は何者にもなれるのだ。

（1）認知行動療法（CBT：Cognitive Behavior Therapy）とは、認知（ある状況に対しての捉え方、受け取り方）の歪みを修正し、認知が思考・感情・行動に与えている悪い影響を改善していくための心理療法。日本国内で薬物依存症を対象にした認知行動療法としては２００６年に神奈川県立精神医療センターで開発されたスマープ（SMARPP）があり、医療機関以外でも様々な支援機関において治療用プログラムとして導入、実施されている。

第6章 アディクトを超えて

いちかわたけひと

はじめに

誰かの役に立つことは、アディクションリカバリーの大切な構成要素の一つに思える。ダルク創設者である近藤恒夫（故人）は著書の中で、「ダルクのスタッフは当事者であるからこそ彼ら（クライアント）に共感できるのである」「次の人たちの役に立てるようになると、その人はもう再発しない。なぜなら役に立つということで自己評価が上がるから」[1]と述べている。アディクション当事者としての経験を活かして同じ課題を抱える次の人たちに手を差し伸べることが、その人自身の自己評価を高め、回復を強めるのだと、誰かの役に立つことの重要性に触れている。

しかし、この「役立ち」は注意が必要なものだと思う。当事者として誰の役に立つのかが問題だ。当事者として社会の役に立つのか、あるいは、当事者として当事者の役に立つのか。同じことのように見えて、この二つは全く性質の異なるもののはずだ。このことがアディクトのリカバリー（回復）に与える影響について考えるのがこの章の目的である。

１　「立ち直り」「回復」とは誰の言葉か

何らかの課題や困難を抱える人の変容を表す言葉にはいろんなものがある。立ち直り、再生、回復、生き直し……。この中で「立ち直り」は僕にとってはなんとも不愉快な言葉である。僕は過去に何度かこの言葉を〝用いられた〟ことがある。一度は、中学から始まった混乱とそれに続く問題行動に振り回され続けた母が、そんな僕との日々を〝回顧した〟本を出版したときだ。文中に何度も「この子は立ち直る」という表現が用いられている。そして追い打ちは、そんな母の著書を読んだアルコール依存症の本人であり、断酒会で断酒を続けている叔父から、「俺にはまだお前が立ち直ったようには見えんけどな」との言葉を投げかけられたことだ。どちらも「立ち直る」と言ったのだが、そこには当の僕自身がどう認識してるかは無関係の、〈彼らに映る僕〉しか存在していないのだった。出版前に母から原稿を見せられた僕が、これから不特定多数の人間に晒されることになる自分のライフストーリー（物語）について、「ずいぶん勝手な母親の思いだね」と語ったことも、この本のエピローグには収録されている。だが、出版をやめてくれとは言えなかった。母は絶対であり、母が出す答えと僕の答えが一致しないと「どうして！」「なんで！」と甲高い声で矢のように言葉が飛んでくる。そんな子ども時代だった。そういう環境の中で育って、だんだんと自分で何かを考えることをしなくなった。感じることをしなくなった。「正しさ」とか「基準」といったようなものは、自分の中にあるものではなく、それはいつも母の中にあるものだった。そんな母の選択したことなのだ。どこかに「勘弁してくれよ」という気持ちがあったとしても、それに気づくこと自体に意味はない。さらに当時、僕には母を含む家族に迷惑をかけながら存在している自覚はあっても、迷惑をかけられながら生き延びてきた自覚がなかったためである。

ここでの焦点は「眼差される僕」と僕との乖離である。それは「ずいぶん勝手な母の思い」に表される「解釈される」ことへの違和感である。誰かから見た「僕」と僕との乖離（かいり）に対する抗議の術がないことである。では、あの状態からの僕の変容の過程を表す言葉が「立ち直り」でないとすればなんなのか。僕はかつてアディクションというわかりやすい課題を抱え、そこからの変容を必要とした。「自助グループ」やその手法を応用した「ダルク」というコミュニティと出会い、そこに受け入れられ、薬物のない時間を生き始めたのは１９９０年代半ばのことである。そこでは「回復」という言葉を用いてたくさんの薬物に課題を抱えた人たちが、薬物のない時間を生きていた。まず、僕たちの間で共有されていた「回復」という言葉について考えてみたい。

回復について考えるとき、ある仲間のことが忘れられない。その仲間は、夏の間ずっとビーチに通い、一日中浜辺に寝そべって日焼けをしていた。それには大変な努力が必要で、平日の昼間に（世間から見て）何もしていないことをするのは「とても苦痛だ」と話していた。神童と呼ばれた子ども時代から、ずっと親や先生の期待を背負い、それに応えて生きてきた。それは彼にとって「喪失」であった。彼はまず摂食障害になり、そして、薬物依存になった。このとき、彼はすでに回復が始まって数年が経っていたが、彼の病気は油断すると、また誰かにとっての「価値」や「意味」のほうへ彼を引き戻してしまう。だから、彼は自分自身のために、じっと動かず日焼けをしているのだ。彼にとって「回復」とは、誰かの意味から自らを解き放つ〈自己の取り戻し〉の行為なのだ[2]。

僕はその仲間の言葉から、回復についての大事なことを学んだ。彼の言わんとすることはよくわかった。いつも誰かの視線を意識し、評価を気にして生きること。それは「喪失」であり、回復とは、誰かにとっての良い子をやめることであり、それはある種の「裏切り」なのだ。そして、それにはとても勇気がいる。

２　ダルクとエンパワメント

ダルクにはさまざまな薬物を持て余した人たちが集まっていた。シンナー、覚醒剤、大麻にはじまり、睡眠薬や精神安定剤、鎮痛剤や鎮咳剤などの売薬、そしてガスなどによって、人生になんらかの影響を受けた人たちだ。影響は人によってさまざまで、逮捕され刑務所に入った人もいれば、精神病院を何度も出入りした人もいた。家族に懇願されてダルクに来た人もいる。ダルクにやってくる人たちは、皆がそれぞれに薬物に関連した課題を抱えていたが、今だからわかることとして、過去にいじめや虐待を受けてきた人、何らかの能力的・環境的制限を抱えて生きてきた人、偏見や差別を受けてきた人たちでもあった。そうした経験の結果、肯定的な自己イメージが持てず、それを補うようにアディクションが立ち現れてきていた。逃げられない暴力環境をはじめ、強度のストレスの中で生き抜くためにアルコールや薬物を使い、また、自分が生まれ育った家庭や地域社会に信頼をおけなかったために、なんでも自分で解決することを習慣化し孤立した。能力的な制限があったために、社会生活上の不利益をこうむり、劣等感を募らせた人もいた。それらが自分の努力だけで十分に解決できないとき、それに変わる他の方法で補う必要があった。能力向上のための薬物、犯罪行為。金銭的に裕福だったからといって、親が立派だったからといって、それで自己が肯定されるわけでもない。立派な親を持てば持ったなりに、それが自己不全感・自己否定につながることもある。自分に自信が持てず、他者からの評価（承認）に頼るのもアディクションの一つの表象である。それによって、働きすぎや痩せ、他人の思惑に支配されることなどが起こっていた。薬物だけにとどまらないこうした抑圧的な生き方は、「古い生き方」「病気」などと呼ばれ、逆にこうした状態から解放されることを「新しい生き方」「回復」などと呼んだ。

当時のダルクにおける断薬率（薬物を使っていない率。＝回復率ではない）は、おそらく今よりずっと低く、10人の人がいれば、7～8人はその後の一年間を薬物を使わずにいられない感じだった。3割くらいの人は依然として薬物を使っていたし、一年後まで薬物を使わないで生きている人は、2割もいなかった。そのことが大きな意味を持つことは当時はわからなかったが、それでも「薬物のない時間を生きる」ことは目指されているようだった。「回復」という言葉がそこにあった。

ダルクの回転は速く、次から次へと新しい仲間がやってくる。もっとも、それは全くの新参者（ニューカマー）という意味ではなく、出戻りの人も含めてなのだが。昨日のニューカマーは、今日のサポーター。昨日のサポーターは、今日のニューカマー。ダルクでは、誰かが誰かをサポートする。そこに固定された権力はなく、誰もが自分のことを役に立つ存在として肯定的に捉え直す機会があった。

誰かに支えられるだけでは自己を肯定することはできなかっただろう。僕自身に関して言えば、25歳で回復が始まり、「回復中のアディクト」の一人として、自分を肯定しながら生きてきた。最初の頃（回復初期の頃）は、それだけが唯一の自尊心だったと言ってもいい。薬物こそ使わなかったが、だからと言って、いつも品行方正な自分があったわけでもない。その時々で何某かの課題を抱えながらも素面（シラフ）で生きてきたことが「価値のある」こととして、このコミュニティの中では評価されてきたのである。薬物を使わない限り、すべてのこと（経験）が価値あることとして過ぎていく。ここでは、アディクトであることは、「患者」や「犯罪者」などといった否定的な存在ではなく、誰かにとっての希望であることを意味した。この大きなパラダイムの転換によって、アディクション当事者であることは、恥ずべきことではなくなった。僕たちが自分たちのことを「ヤク中」だとか「アディクト」だとか名乗るとき、それは誇り高き宣言なのだ。

ダルクや自助グループ[3]の人たちは、僕が回復することを信じられる人たちだった。だから僕も、僕自身の回復を信じたのだし、彼らの回復を信じた。この点は、その人を信じないアプローチ（他人が誰かを「回復」させようとすること）とは真逆であった。

3　回復者の社会化と当事者らしさ

反面、「当事者」であることは僕たちを追い詰めたりもした。時代の変化に伴い、ダルクやダルクのスタッフに求められる役割が変化していくなかで、一部の仲間たちは急速に元気を失っていった。そして、そこから元気を取り戻すことなく、亡くなった人もいた。同じくらいの時期に、同じくらいの回復期間を持つ仲間たちが再発したり、命を落としていった。僕たちの周りでいったい何が起こったのか。

僕には、再発をした仲間たちには共通した傾向があるように思えた。それは、彼らがよくよく〝当事者らしかった〟ということだ。アディクトらしい出立ち、立ち振る舞い、そして体験談。過去の抑圧とアディクション、それに伴う極限状態の経験、そして回復の物語。それらが彼らの言葉を通して披露されるとき、聴衆は感動し、震えるのである。彼らにとって、体験に基づいた「当事者らしい語り」は生きる術であり、存在確認の方法であり、存在意義そのものだったように思う。裏を返せば、それ以外の自分のあり方が見出せていなかったのかもしれない。薬物依存からの回復者であること。それに依拠して生きていた。僕自身に関しても同じことが言える。僕が三重ダルクを始めた当初、全国にわずか15ヶ所ほどだったダルクは、その後の5年間で爆発的に増え、田舎の小さな三重ダルクは少しずつ存在感が薄れていった。何より、僕自身が「当事者である」というだけでは、自分の存在を肯定的に感じられなくもなっていた。僕には再発していく仲間たちのしんどさが理解できる気がした。この立ち位置のまま、ダルクに居続けることは困難に思えた。

一方、そんな人知れぬ悲劇の裏側で「体験談」は社会の中でますます必要とされていった。２００６年に始まった全国の刑務所における薬物依存離脱指導教育では、薬物事犯受刑者にダルクのスタッフの生きた経験が語り伝えられるようになった。法務省は薬物依存者の「回復」を認め、それを活用することを始めたのだ。それは近藤さんをはじめ、ダルクスタッフたち長年の悲願でもあり、僕たちはしばらくそれに熱狂した。

同じ頃、障害者自立支援法の施行に伴って、国は補助金を受給する団体に法人格を要求するようになった。多くのダルクがこのタイミングでＮＰＯ法人格を取得した。僕に関していえば、法人の常務理事の肩書を持つことになった。同時に福祉施設職員として、サービス管理責任者（通称「サビ菅」）の肩書を持つことになった。「サビ菅」は国家資格ではないが、自治体の長による任用資格である。恥ずかしい話だが、この肩書きが嬉しかった。ダルクを開設して以来、薬物乱用防止などで学校講演を頼まれることも多く、その際、気分の悪い思いをすることが度々あった。忙しい中時間を割いて学校に出向いているにもかかわらず、「仕事はしないいんですか」などと言われるのだ。いったいどういう意味だ（！）と思うのだが、つまりは、当時のダルクが社会的に定義されていないインフォーマルな職業だったからだろう。僕は他の社会人と同じように、毎日あくせく働いているにもかかわらず、先生は職業人としての僕を見つけられないのである。さらに口の悪い自助グループのメンバーもいて、

「ダルクのスタッフはダルクを卒業していない」などという。その言葉にはひどく劣等感を感じさせられたものだ。今になってみれば、そうした職業はたくさんあるとわかる。学校の先生や研究者などもそうだ。昨日まで学生だった人が大学を出たらいきなり「先生」になるわけだし、研究者に至っては、入学以来、一度も大学を離れたことがない人も多いことだろう。でも、そういうメンバーたちは、社会で働いているメンバーとダルクのスタッフは違うという。つまり、ダルクを出た人が社会復帰を果たしたというわけだ。こうした〈僕〉を見るまなざしは、二つの作用を与えるに十分だった。一つは、これを真に受けて自分のことを「取るに足らない」と思うようになること。つまり大きな劣等感を内包するようになること。もう一つが、これに反発し（いや、反発ではなくマトモに受け取ってしまった結果かもしれないが）、いかにも当事者らしい自分を形成することだろう。カウンターアイデンティティなどと呼ばれる、他の人が決して真似できないような体験を前に押し出して、特殊な人として存在しようとすることだ。

このどちらに振れても社会的自己を満足させられないジレンマが「資格」というわかりやすい記号を手にすることで、にわかに満たされる感じがしたのである。国家資格にも関心が湧いてきた。そして、精神保健福祉士の資格を取り、大学院[4]に進学した。この一連の行動の背景として、自己承認欲求だけではなく、当事者としてダルクにいることの閉塞感とそこからの脱却を願う気持ちがあったことを、ここで認めておくべきだろう。

大学院では、「薬物依存からの回復における当事者性の意義と課題」について研究を行ったが、そもそも大学院という場所でこの問題と向き合うことになったのは、ダルクや自助グループのような当事者活動の中でこの問題を語り、共有することができなかったからである。少なくともそう感じた。アディクションの当事者であると認めることが、むしろ僕を孤立から救い出し、たくさんの仲間を得る前提となったこと。当事者としての経験は、それだけで価値のあるものであること。これらは疑いようのないことだ。なのに、その「当事者である」ことが、今度は僕たちを追い詰めるなんてことがあるのだろうか。当時はこうした疑問や問いかけを当事者の仲間たちと議論したり、共有したりすることができなかったのだ。

大学院では、自分にまとわりつく閉塞感や当事者性の意義と課題について、学術的な「研究」という方法で向き合った。自分の当事者としての立ち位置から少し離れて客観的に捉えるということである。当事者としての経験を生かした活動の意義をまとめつつ、その立ち位置にのみ依拠することのリスクについて事例から考察した。その結果、自分が「当事者であること」に頼りすぎていて、それが却って自分を苦しめていることがわかった。それを乗り越えるためには、「アディクトであること以外の自分」を見つける必要があることもわかった。アディクトは「回復者」になったあと、それぞれ、その人らしい「私」となっていく過程が重要であると論じた。2010年のことである。考えてみると回復が始まって以来、ダルクや自助グループ以外の場所に身を置いたことがなく、大学が初めてだった。「学生」になることで、ダルクのスタッフという立場から少し距離を取ることができた。それがとても重要だった。

　この論文はごく一部の人たちに読まれたものの、決して大きなインパクトを与えることはなかったが、それでも僕がいる三重ダルクのスタッフをはじめ、全国の幾人かの仲間たちには共感が得られたように思う。全国にいるダルクスタッフの何人かが、それぞれの学びの過程を経て有資格者としての名乗り[5]を手にしていった。なにより、この何年かの学びの経験を経て、僕と僕のいる三重ダルクは全国的にも数少ない専門性を持ったダルク（当時）として、知的障害や発達障害などの重複する課題を持つメンバーの受け皿として認知され、新しい役割を獲得していった[6]。それは僕にとっては「依存症の当事者」としてのみ存在することからの脱却地点であり、現在へと至る転換点でもあった。

　それからの十数年は同じダルクにいながらも、それまでとは全く異なる感覚だった。自分の当事者としての経験を切り売りしなくて済むようになっただけでなく、僕という存在の認知のされ方も大きく変化した。それは、ダルクの内部でというよりは、世間からのものであった。本書の中で他の執筆者も書いているように、社会のあらゆる場面で「当事者」であることを名乗らなくてよくなった。精神保健福祉士の資格は、それまでいつ何時も「アディクション当事者」としか自己紹介できなかった自分のことを、一人の専門家として紹介するのに十分なものだったし、大学院の博士後期課程[7]にいる今現在にいたっては、その字面が示すごとく、研究者の一人としても自分のことを紹介できるようになった。世間は〈社会が認知した立場〉で僕をみるのである。

4　回復を信じられない専門家たちと、当事者としてしか見ない専門家たちの狭間で

こうして僕は当事者とも専門家とも言えない時間を歩き出したが、それは決して楽な道のりではなかった。まず、しんどかったのは資格を取って大学院に行った自分のことを「あいつはもう仲間じゃない」「向こうへ行った」などというメンバーがいたことだ。それを真に受けると、何だか自分はもう仲間でいられなくなったのではないかと不安になった。「学校なんか行って。あいつは病気が再発した。間もなく薬を使うぞ」などと言われたこともあった。結論として僕はどこにも行っていないし、薬物も使っていないのだが、僕のこうした努力は祝福されないのだという寂しさを感じた。自助グループの中で「あるがままの自分」を語れない経験をしたのは初めてのことだ。反対に、大学の先生からは、「あなたがここへきたのは、いわば留学だ。あなたはここで異なる世界を見た。元いた世界へ帰れるのか」と問われた。その言葉の本当の意味は、今もよくわからない。だが、「ここも僕の居場所としては認めてくれないのか」という気分になった。僕にとっては当事者の世界と専門家の世界は別個に存在などしておらず、どちらも自分のいていい場所のはずなのだが、相手は僕のことをどっちの人間か気になるのである。

では、シンプルに専門職として働くとどうなるのか。例えば、相談支援員として3年間働いた職場[8]では、これまでに経験したことのない葛藤を感じた。一つ例を挙げれば、お酒に由来する問題で受刑している人の出所後の支援において、僕はその人のアルコール問題にも目を向け、それがやめられる

可能性も含めて考えようとする。だが、ほとんどの支援者は「彼はお酒なんかやめられないよ」という。そこでは誰もアディクションからの回復なんて信じていないし、そんなことはあり得ないという認識だ。そんなケア会議に同席するたび、どれほどたくさんの人が自助グループで回復しているか語りたくなるし、なんとなれば「自分だって……」と言いたくなった。だが、僕はそこに当事者として参加しているのではなく、あくまで一人の援助専門職として勤務しているので、彼らの主張に抗議するのではなく、そうではない可能性について少し言及する程度で会議を進めるほかない。ただ、基本的にアディクトの回復を信じられない人たちの中で働くことは、言いようのないしんどさが伴う。逆説的な言い方だが、専門家（専門性を用いて当事者と向き合おうとする専門職者）の多くは当事者の主体的な回復を信じられないのかもしれないなと思う。反対に、アディクションからの主体的な回復はありえると信じられるが、今度はその人を「アディクションからの回復者」としてしか捉えようとしない専門家もいる。

「市川さんは当事者なのに大学院とか行ってすごいですね」と言われたことがある。さらに、自分が非常勤講師として出講している大学の講義にゲストとして招いた専門家から、「市川さんは当事者だから」と学生の前でアウティングされてしまったこともある。どちらも僕のことを「アディクション当事者」としてしか見ていないことがわかるエピソードだ。だが、このどちらも悪意に満ちた発言とは思わない。前者は単純に僕を褒めたつもりなのだろうし、後者に至っては、僕が当事者であることを学生の前で「何も恥じる必要も隠す必要もない」と思っているからこその発言だったのだろう。だが、僕は隠したいから当事者であることを開示していないわけではない。大学で講義をする上で、自分の身の上を開示する必要などまったくないからしていないだけだ。なのにその瞬間、僕は〈当事者〉として紹介された。それは、その人が僕の回復を〈評価〉しているからだ。前者の人も含め、むしろ僕を肯定的に評価しての、その発言なのだ。だから厄介なのだ。アディクションの当事者であることを隠す必要のない世情がそういう状況を生んだ。

5　当事者が立っている場所の変化

この十数年、日本のアディクションの領域では、ワークブック式のプログラムが普及し、刑務所や保護観察所での取り組みに変化が生じ始めた。兎にも角にも〝ダルク（当事者の経験）ありき〟だった当初の雰囲気はワークブックと専門家の配置により、年々変化していった。回復の語り手（主体）であったはずの当事者たちは、いつ頃からかこのワークブック・プログラムの補助者として迎えられるようになった。もちろんワークの主導者は刑務官（法務教官）であり、保護観察官である。当事者たちの経験は、それが独立したものとしてではなく、ワークブックの内容を裏付けるものとして用いられるようになった。さらに、それまで依存者を避けてきた医療機関もこの普遍的なツールを用いた治療を掲げるようになり、あの「ダメ。ゼッタイ。」を標榜していた厚生労働省までが「依存症は回復できる病気です」というキャンペーンを打つにいたって、世の中はいっぺんに「依存症時代」へと突入した。それに合わせてアディクション当事者の言説が社会に溢れるようになった。あちこちで「依存症当事者」が「病気」と「回復」について語る時代の到来である。SNSにも当事者の体験が溢れている。だが、それは自助グループ[9]における体験の共有（分かち合い）とは全く質の異なるものだ[10]。かつてアディクトは経験を隠して語らなかった。自助グループは唯一本当のことを話せる場所であり、同じ体験者たちに受け止められ、それが癒しとなっていた。自助グループの中で分かち合われる経験は他のメンバーの回復にも生かされ、結果として、それを分かち合ったメンバー自身の存在を肯定的に捉え直すきっかけにもなっていた。だが、いまや〈依存症〉は恥ずべき状態ではなく、アディクションと、それに伴う回復経験は社会の理解と支援と賞賛を持って受け止められる時代である。ここで注意を払うべきは、体験を世間一般に開示することによってもたらされる「回復」の承認の問題だろう。それまで回復は、その人自身が自己内対話を通じて自己を再評価すること（自己和解）から生まれていたはずだが、今日、「回復」を評価するのはその人自身ではなく、それを受け止める人（社会）なのかもしれない。そこに〈期待される回復の像〉が生まれる。当事者は無意識に「世の中が想像（期待）する回復像」に自分の語りを合わせていく可能性がある。でも、こうした状態は、他人に評価を求めることによって自分を喪失してきた、まさに過去の再来（自己喪失）ではないのだろうか。

アメリカの社会学者であるG・H・ミード[11]は、他人の目を通して自覚される自分の役割がその人の自我を形成するという（Mead 1934）。同じく社会学者のゴフマン[12]は、人々はコミュニケーションにおいて、その場にふさわしい「役割」を認知し、その「役割」を演じることによってコミュニケーションを成立させ、社会を成り立たせているとする。その際、役割を引き受けている人は、「自分がどのように見られているのか（どのように見られたいのか）」を意識し、調整することで印象操作を行っているのだという。それには、望ましい自己アイデンティティを他者に示すという自己提示の効果があり、演技者と観衆がお互いに相手の状況を察しながら、お互いの役割を維持するのだという（Goffman 1974）。学校や行政や医療の場で求められる当事者としての「語り」や振る舞いが、アディクトをより当事者らしくしているのではないのか。そうした役割に応えることが、かえってその人をいつまでも「当事者であること」から離れられなくしていくのではないか。かつて大切な仲間たちを襲った悲劇は、そうやって起きたのではないのか。

実は「回復」は当事者の手から少しずつ離れていっているのではないかと思うことがある。多くの回復者が国や専門家による調査や研究を受け入れ、それに応えようとしている。まるで、当事者としての「経験」を無条件に提供することが依存者の回復の役に立つかのように。だが、僕はこれに素直に応答できずにいる。僕がある種の調査を拒むのには訳がある。今まで見てきたとおり、アディクトにとって回復とは、決してアディクションからの離脱のことだけではなく、自分のことを否定的に捉えようとする力からの離脱であるという考え方から、就労移行などに関する調査への協力は慎重に行うべきだと考えている。就労の有無や継続期間など、仮にそれを「評価するものではない」と記されていたとしても、その質問状を受け取った人の身になってみれば、就労状態に〈ない〉よりは、〈ある〉ことの方が、継続期間は短いよりも長く続いたほうが「良い」と感じないだろうか。決して質問状を送ってきた研究者そのものが評価しなくとも、回答しようとする当事者が一般的な世間の評価を意識させられてしまうという意味だ。その結果、評価に足りる自分であろうとしたり、現実がその範疇にない場合、逆に自分を取るに足らない存在だと感じてしまうことはないのだろうか。僕の目にはそういう状況こそが、アディクションの病気そのものとして映るのだ。ダルクの創始者である近藤さん[13]は生前よく、「仕事なんかしなくても、ヤク中はへそ出して寝てりゃいいんだよ」と言っていた。ふてぶてしく聞こえるが、近藤さんは世間のまなざし（価値観）でもって自分を否定的に捉える必要なんてないと言っていたのだと僕は理解している。行政や専門家たちの当事者へのまなざし（期待）は、往々にしてその人たちが依拠する規範（社会通念）に基づいていることを理解しておく必要がある。資本主義経済を含む既存の価値規範の中に当事者の「回復」を見てしまう場合、それに従った質問（就労の有無など）を当事者に投げかけることになり、それに応えることによって当事者はその規範の方へと意識を向けられるのだ。

僕は決して就労することや社会的な何者かであることを否定しているわけではない。でも、就労することや社会的な何者かであることが「回復」ということになってしまえば（少なくともそんな風潮が蔓延してしまえば）、そして、それを当事者（自助グループの人たち）が取り込んでしまえば、もはや、自己和解する機会を永遠に失ってしまうような気がするのだ。就労していようがいまいが、社会的に何者であろうがあるまいが、堂々と回復を実感していられる必要があると思う。就労だけじゃない。当事者として「語り」を求められることは、良くも悪くも「聴き取られる価値」を自覚させ、その期待される役割へと誘うだろうが、回復は決して誰かが評価するものじゃないと思う。ここでもう一度、誰のために何を語るのか考えてみる必要があると思うのだ。

ただ一方で、すでに当事者たちはこうした流れに巻き込まれ、それが当たり前の状況から「回復」

について考える世代が増えていると、第一世代の回復者である倉田めばさんは指摘する。そして、そこに「自由に支えられた主体的な回復はあるだろうか」と疑問を投げかける[14]。このように、当事者たちが自らが望んで行っているように見える状況も、社会学者である佐藤恵によれば、自分で自分にラベリングをしている場合、外部の他人の視点を取得した自分自身によって自分にカテゴリーが与えられているわけであり、外からの力でそれが行われていることが一見、見えにくい[15]。

そこで、僕の疑問はこうである。

「薬物をやめた今、どうして自助グループの中だけに留まらず、今度は外部の人たちに対して、当事者として語ろうとするのか。それは本当に自ら望んだものだろうか。そこに違和感はないだろうか」

6　当事者が「回復」に語り殺されないために必要なことは何か

僕はこの疑問を確かめるために、自分と同じように有資格者となっている当事者の仲間たち（これから資格取得を目指そうとしている人も含め）に呼びかけて集まった。それが本書の執筆者たちである。ここで専門家（職）と書かずに有資格者の集まりと書いたのは、働いている場所が専門機関の人もいれば、ダルクのような当事者活動の場の人もいるからである。働いている場所が専門機関の人は「専門職」と呼ばれ、ダルクのようなところで働いている人たちは、依然「当事者」と呼ばれる可能性がある。ともあれ、この集まりに参加した人たちは〈当事者〉〈有資格者〉として、複数のアイデンテイティを持っている。このことが、同じ一人の人間でありながら、支援〈される側〉〈する側〉としての異なる立場の経験や、さまざまな葛藤を経験させる。

その一つは、自分の立場とそれに基づく扱われ方への違和感だ。抗議と言ってもいい。僕自身の例でいえば、大学講師の時間内にアディクション当事者と紹介されたことへの違和感と反感のことだ。それは、僕が「アディクション当事者」であることに強く依拠して自分を奮い立たせていた回復初期の頃には感じられなかったものだし、今も「それ以外のあり方が難しい」と感じている人にとっては、それを意識したり抗議することは困難かもしれない。だが、本書の中で多くの執筆者が語っているのは、もう一つの立場を得たことによる、そこからの離脱の過程である。それは、ある一つの立場に留まらなくて済むようになったことがもたらす〈語りの自由〉ともいえる。そしてそれが、本書の何人かの執筆者の場合、資格を得たことによって可能になった〈越境〉なのである。

近年、僕があえて「当事者」という立場からの発言スタイルをとらないのは、それはどこまでいっても、その立ち位置から逃れられないと思うからである。それは決して自分の過去の一部分を恥じているとか、隠したいとかではない。何度も触れているように、僕のこの問題へのこだわりは、仲間たちの死がきっかけとなっている。アディクトであることにこだわり、その立ち位置しか持たなかったことが彼らを追いつめたように思えてならないからだ。２０００年を過ぎた頃、ダルクと世の中が急速に交わっていく中で、彼らに求められた社会的役割は「薬物依存者」だった。ひょっとして、それ以外は自分の役割ではないと感じていたのだろうか。だが、回復の初期に「当事者である」と認めることで得られたアイデンティティが、逆に彼らを追いつめたのではないか。そして時は過ぎ、今また「当事者である」ことが持て囃されている。まさに、「依存症時代」の到来と言ってもいい。僕は、僕の大切な仲間たちが擦り切れていったあの時代が再び繰り返されないことを心から願っている。

アディクションとそれにセットのように付与される「回復」に自縄自縛になりそうになったとき、そこからどう自分をエスケープさせられるのか。なにかの「当事者」であることの安心感と閉塞感（しんどさ）を、その人自身がどう裏切っていけるか。本書はその道程（プロセス）を示すものであり、「もう一つの回復物語」を著述することへのお誘いである。

ぜひ本書を手にとって隅々まで読んでほしい。ここには９人のアディクトの生きた物語が収録されている。だが、それはアディクトとしての回復物語ではなく、一人の人としての物語である。

(1) 近藤恒夫（2005）「民間薬物依存症リハビリ施設ダルクの役割」『刑政』116(9): 38-46

(2) このエピソードの伏線として、80年代から90年代にかけて流行したＡＣ（Adult Children）という概念が挙げられるだろう。機能不全の家庭で育った子どもという意味である。薬物依存やアルコール依存の背景に機能不全家庭で育った影響を見るのである。現在の「毒親」にも通じる概念かもしれない。アディクションを抱える人を自発的問題行動者として見るのではなく、抑圧や支配の被害者として定義した上で、そうした環境への自己治療的行為（リアクティブな反応・応答）としてアディクションを捉えるのである。ゆえに「回復」とは単に薬物やアディクションが止まることではなく、そうした抑圧から逃れた自分を手に入れることが含まれる。

(3) 自助グループ「Narcotics Anonymous」

(4) 龍谷大学大学院法学研究科修士課程

(5) ここで名乗りと書いたのは、彼らすべてが専門機関に勤務することを選択したわけではないからである。

(6) 『ダルク　回復する依存者たち』（明石書店、2018: 210-229）参照

(7) 立命館大学大学院人間科学研究科博士後期課程

(8) 高齢や障害のために矯正施設出所後の自立生活に困難が予想される人のための支援センター

(9) ここでいう自助グループとは、12ステップと12の伝統を用いたグループのことを想定している。

(10) ＡＡやＮＡなどの自助グループでは、参加する個人が匿名化されることによって、どんな体験もステータスも承認（賞賛）が得られないようになっている（anonymity）。

(11) Mead.G.H. (1934) *Mind, Self, and Society: From the Standpoint of a Social Behaviorist*, ed. Charles W. Morris, University of Chicago Press.（＝稲葉三千男・滝沢正樹・中野収訳（1973）『精神・自我・社会』青木書店）

(12) Goffman, Erving (1959) *THE PRESENTATION OF SELF IN EVERYDAY LIFE*, Doubleday & Company.（＝石黒毅訳（1974）『行為と演技――日常生活における自己呈示』誠信書房）

(13) 近藤恒夫（1941-2022）ダルク創始者

(14) 倉田めば（2020）「リカバリー・アウトロー――薬物を使う自由とやめる自由，そして回復」『社会学評論』71巻2号: 198-214, 特集「脱逸脱をめぐる当事者活動の社会学」

(15) 佐藤恵（1994）「社会的レイベリングから自己レイベリングへ」『ソシオロゴス』18: 79-93

第3部

学びへの躊躇とチャレンジ

第7章 学びの物語

佐藤和哉

1 私という人物

はじめに自己紹介をしておこう。私は函館生まれ、函館育ちで生粋の道産子である。小さい頃から運動神経に恵まれ、リレーでは常にアンカーでマラソン大会では3連覇、徒競走では負け知らずだった。一方で人一倍神経質な私はいつも周囲の顔色をうかがう人間で、いわゆる神経症タイプの性格は人前では緊張が強く、吃音もあったせいで朗読の時間に文章をうまく読めない自分に強い劣等感を抱えていた。小学校の時に経験した二度の転校は、緊張が強い私にとってハードルが高いものであった。今思うと、依存症になるための素質を兼ね備えていたということがわかる。小学校4年の頃から始めた野球は、社会人まで続けた。今では体罰が禁止されているが、当時は拳固の制裁が当たり前のようにあった。私は人一倍臆病で怒られるのが大っ嫌いである。こうした、怒られないようにするにはどうすればよいかを常に考えているような私にとって、監督の厳しい指導はとてもストレスだった。

　進学した高校は当時野球の強豪校で、練習が恐ろしいほど厳しく、年間を通して休みがほとんどなかった。2年の春から投手でベンチ入りしたが、なかなか成績が振るわず、ケガから復帰したエースの代わりに自らベンチを外れることを申し出た。この出来事も「みんな俺にベンチを外れてほしいと思っている」という周囲の目線を気にしすぎるあまりに自己犠牲の気持ちが生まれたのだと思う。最後の夏の大会はまさかの地区予選1回戦負けで、私はブルペンで高校野球生活を終えた。その後は高校を卒業して社会人で軟式野球を続けたが、肩と肘の故障により長かった野球生活を終えた。

　その後は仕事もやる気がなくなり退職した。遊びに明け暮れ、昼夜逆転するような日々の中で「このままでいいのだろうか？」という不安もあった。強い不安に襲われる度に薬を使うようになり、やがて薬なしでは落ち着いていられないような生活になっていた。

2　ダルク

　私がダルクに入寮したのは、２００８年11月10日のことである。北海道ダルクだった。時が経つにつれて当時の記憶はぼやけてくるのだが、気力を失い果てくしゃくしゃになった私に「やめられないよね」という仲間から衝撃的な言葉をかけられたことは一生忘れることはないと思う。ダルクの存在は入寮する数年前から知っていたが、決して印象は良いものではなかった。ダルクは、先輩や友人の間では収容される施設として認知されていたので、私自身も再起不能な人たちが閉じ込められる所でとがある。

無縁のことだと思っていた。それが、今ではダルクの代表を務めていることをとても不思議に思うことがある。

北海道ダルクには入寮したが、２日目に「沖縄行くよ」という一言で、南国へと飛び立った。これもまた不思議なことだ。ダルクに入寮する１週間前、昔から地図帳を見るのが好きだった私は、薬を止めることを諦めながらも「沖縄のようなあったかい南国に行けば薬を止められるかな？」と思っていた。それが10日後に現実になったのだ。飛行機の中で、現実に頭が付いていっていない状態だった。

ダルクに入寮して１年ほどが経過した頃、スタッフにならないかと声をかけられたことをきっかけに、職員としてダルクに関わることになった。なぜスタッフを選択したのか。特に明確な理由や志があったわけではなく、「外に出て働くのは面倒くさいな」と思っていたのが正直なところである。目的がなかった当時の私にとっては、成り行き任せのところがあったのかもしれない。ところが、スタッフとしての日々が始まると、それは異常なほどの激務であった。日ごろの仲間のサポートはもちろん、行政や医療との調整、保護観察所や刑務所の面会、夜間の緊急対応救急受診など、一日が一瞬で過ぎていくこうした日々で疲労が重なり精神的に調子を崩すとすぐに不眠となり、そのあとからやってくる眩暈が苦痛で仕方がなかった。

だが、そんな日々も擦り切れそうになりながらも過ぎ去り、ようやく休日が取れるようになった。その頃からサーフィンを始め、気が付けば仕事前に４、５本波に乗って出勤するというほどにのめり込み、いまでも生活の一部として大切なものとなっている。仲間とサーフィンに行って、ホテルのバイキングで動けなくなるほど食べるという週末のルーティンがとても楽しかった。今でもその頃を思い出すと「あの時間は青春だった」という気持ちになる。

スタッフになり2年ほど経過した頃から少しずつ将来のことを考え出した私は、「ダルクをやめちゃおうかな」と思い始めた。30歳を過ぎた頃だったので、人生設計を考え出したのかもしれない。「一人暮らしをしながら仕事に通うということが次のステージだ！」と逃げ道を探すように、仲間が勤務していた精神科病院の作業療法室でリハビリ助手として転職することを選択した。薬物依存症当事者としての枠に留まり働いていくことに限界を感じていたのも事実である。当時の沖縄ダルクは人手不足で、残ったスタッフにほぼ丸投げ状態でダルクを去っていったことには罪悪感を抱えていた。

3　病院

ダルクをやめて転職した先は、県内でも大きな精神科病院で、配属先は院内に設置された認知症の患者が利用するデイケアだった。デイケアでの業務は作業療法士のアシスタントではあったのだが、ほとんど排泄介助等で一日が終わる日々で、自分にそんな仕事ができるわけがないと思っていた。患者に話しかける際も緊張から声が出なくて、全然コミュニケーションが取れず、この仕事が続くのかという不安を抱えていた。しかし、いざ介助の場面になってみると思っていたほどの苦労は感じられず、患者から「ありがとう」と言われたときの嬉しさが、日々の仕事を活気付けた。できないと思っていたことができると、モチベーションはかなり上がる。気が付けば仕事を楽しむということを生まれて初めて実感していた。

病院では、特に人が老いていくことや、病を受け入れなければならない葛藤を様々な角度から見るといった経験ができた。人生の先行きはわからない。認知症などの思いがけない出来事は不意にやってくる。見えない不安は誰も避けることのできないことであり、より良い人生を生きていこうと決心しても、病に倒れてしまうこともあれば、コロナのような非常事態に直面することもある。にもかかわらず、人生を生きていく上での幸せと苦しみは常に重なり合っているものだと学んだ。

病院で働き始めて感じた自分自身の大きな変化は職場環境に対してである。ダルクで働いているときは勤務時間を気にすることはあまりなかったが、病院では時間までに終わらせなければならないことへの焦りから、一人の患者に時間をかけることは容易ではなかった。病棟内では入院して間もない患者が不穏になることがよくあるのだが、時間をかけて支援できないことによって、自分にもどかしさや罪悪感を抱くこともたくさんあった。しかし数多くの患者を診ている病院という組織の中ではやむを得ないことでもあり、支援者としての私はこのようなジレンマを通して成長していくものだと痛感した。そんな状況を経験しながらも、私は上司に恵まれていた。失語症などで意思表示が難しい患者であっても一人の人間として関わることを常に叩き込まれた。意思表示が困難になってくると、やがて意欲が低下し寝たきりになる患者も少なくない。関わりが困難になれば病棟でも孤立しがちとなる。しかし、「寝たきりや話すことができない患者にこそ、朝一番で挨拶に出向き、声をかけることが一番大切な業務だ」という上司からの教えは、支援者としてだけではなく、人間として成長する機会を与えてくれた。カッコつけて言うならば、仕事に対して初めてプロ意識を持ったとでも言おうか。

４　いざ大学へ

病院での勤務経験の中から、私は資格取得を目指すようになった。

仕事にプロ意識を持つようになった私にとって、次のステップは資格をとり、より専門性を身に付けることが必要になったからである。大学に進学するという優越感と白衣を着て病院で相談員をするということに対し、すこし憧れみたいなものがあるのも動機であった。資格を取るためには具体的な情報が必要になる。身近に精神保健福祉士の資格を持っている仲間がいて、大学のことなどをたくさん教えてくれた。４年間仕事をしながら通信での授業を受け、そして卒業してから国家試験を受けるというプロセスは途方に暮れてしまいそうな気分だったが、新しいことへチャレンジする気持ちの方が強かった。

病院での給料は一人暮らしがやっとできるくらいの収入で、病院の調理実習で余った食材を持ち帰るほど経済的に厳しく、大学の授業料を払えるのかという不安も大きかったが、家族が支援をしてくれた。また、病院での賃金が上がったりと何かと助けられた。目標に向かう力が強ければ、その姿をきちんと見てくれている人がいるのだと思う。とは言うものの、少ない給料で生活する上に学費を払うとなれば経済面では決して楽なものではなかったが、大学に通っているという自分に酔いしれている日々は幸せな時間だった。

大学の授業は思ったより楽しかった。自分がこれまで経験してきたダルクでの業務が授業に出てくることがあり、特に生活保護や障害福祉の分野では、制度の中身をきちんと学び納得することで、「あの時なぜ手続きを断られたのだろうか?」などの疑問が晴れることにもつながった。

5　ダルクが好き?

病院で勤務してから1年半ほど経った頃から、どういうわけかダルクに戻りたいという気持ちが徐々に湧いてきた。あれだけストレスを抱えて耐えきれない状況まで追い込まれたダルクでの生活に戻りたい気持ちが生まれることに、頭がおかしいのではないかと自分を疑った。周囲の人たちからも「何を考えているのかわからない」とささやかれたほどだ。のちにダルク関係者に「結局おまえはダルクが好きなんだねえ」と言われてしまった。「そんなことはないんだけどな……」と心の中では嘯いていたが、事実である。

さらにダルクに戻ることを決定づけた出来事は、当時沖縄ダルクの管理者が病気で倒れ、その代わりとして病院よりも高い給料を掲示されたことであった。「結局は金かよ」と思う人もいるかもしれないが、お金は大切である。決して目が眩むほどの金額ではなかったが、当時のぎりぎりの生活を暮らしていた私にとっては、少しでも経済的に楽になることはやはり魅力的だった。もう一つ、今になって思い起こすことは、ダルクの仲間と一緒に遊びたいという気持ちが強く、自分が育った施設でもある沖縄ダルクが好きだったのだろう。

ダルクを離れ、病院という組織からダルクを捉えることができたことで、ダルクの強みや凄さに気がつくことも多かった。人間関係に関しても言えることだが、近すぎると見えなくなるものがある。こうして２年ほどの病院勤務を終え、私は再びダルクへ戻ってきたのである。

６「法」とダルク

２年ぶりに復帰したダルクは大きく変化していた。法人格を取得し、障害者総合支援法に基づく障害福祉サービス事業所として運営を始めていたのだ。少し前まで少ない給料で生活していた私にとって、運営が楽になりスタッフにもそれなりの給料を支払うことができるのであれば、大賛成だと思えた。

しかし、徐々にそれは不安に変化した。訓練等給付費として税金からダルクにお金が支払われることになった。つまり以前のように寄付金を貰う感覚でいると大変危険である。もちろん寄付金であっても使い道が何でも良いわけではないのだが、国のお金が支払われることになれば、行政の管理下におかれる。どんなに素晴らしい支援を行っていても、記録や計画等の必要な書類が整備されていなければそれは支援とは認められず、時に指導対象になり、最悪の場合は、お金を返金することや指定取り消しの処分を受ける。そうなれば自分の生活はもとより、職員の生活まで犠牲にしてしまう。病院から戻ったばかりの新米スタッフではあったのだが、側で見ていて不安だった。

以前の沖縄ダルクでは存在しなかった業務に緊張が高まり、一日中パソコンと向かい合う日もあった。当時のスタッフもサービス運営に関しては知識が足らず、私も分厚いハンドブックを片手に調べものをしながら書類整理をしていく日々は、これまでのダルクにはなかったものであり、過大な責任を背負うことになった。

以前の沖縄ダルクは自由に運営されてきており、私自身もその中で育ってきた。仲間との関係は「支援者」と「利用者」ではなく、共に歩む仲間たちだった。当たり前の話だが、法令を守ることは事業所としての責任であり、利用者の主体性や尊厳を守ることは、仲間を守ることにもつながる。

一方で行政システムや制度を利用していくことで書類作成などの業務が増えると、いかに業務を合理化してくことに執着し、どうしても無駄を省きたくなる。例えば仲間との何気ない会話はダルクでは大切なことだが、それが無駄なことだと感じるようになってしまうと黄色信号である。むしろ無駄だと思っていることの方が大切なことであったりするものだ。「法」の中でいかにダルクのような活動の良い点を残していくということが私は重要だと思っている。

7　暴走とブレーキ

沖縄ダルクはこの数年で急速に施設規模が大きくなった。以前は土地勘のある地元は回復の妨げになるという考え方だったので、相談に来た地元の方は他県のダルクにつないでいた。しかし障害福祉サービス事業所として運営を始めるにあたり、地域のニーズにもこたえていかなければならないという事情の中で、地元のアルコール依存症の人たちの入所が増え施設規模が大きくなった。

もちろん雇用も増え支出が増えていく。そうしていくうちに、私は運営上の不安に苛まれ、加算を算定するために一般就労を急かせてしまうなど、事業所の都合で仲間を振り回すという本来のベクトルとは逆方向に進んでしまいそうになることが度々あった。特に管理者の職を与えられてから、運営上のことでお金に囚われることも多くなった。

しかし営利ビジネスになりきってしまえば、仲間との関係性は絆から損得に変わる。そうなれば沖縄ダルクの中身は空洞化し、苦労して築き上げてきた伝統は劣化すると思っている。

私は現在、沖縄ダルクの代表を務めている身であるが、今のところ自信はさほどないというのが本音である。だから、自分のやっていることが正しいのかどうか、不安になるたびに先人たちに指示を仰ぎ、アドバイスを貰うようになった。ダルクという名前がある以上、一ダルクの行動が全国のダルクにまでその影響が及んでしまう危険を含んでいる。

私にとって、指示をしてくれる人がいない立場に立つことは不安そのものであるが、相談できる仲間がいることはとても恵まれている。

8　メディア

近年沖縄ダルクの知名度も上がり、どこか一人歩きしているようにも思える薬物報道も、近年のガイドラインなどにより、質の良い報道が増えてきた一方で、中には恐怖を煽り、視聴率を上げるような「意図」が感じられることも依然として多い。

かくいう私も、ダルクの一員としてメディアに出て、この問題の本質を語ってやろうと積極的に取材を受けた時期があったが、今思うと恥ずかしい勘違いだった。いざ出演してみても、収録の場面では重要なことがカットされ、気が小さい私はその場で言いたいことが言えずに終わってしまう。物言えぬ窮屈な言論空間を、身をもって体験した。大麻について取り上げたある番組の取材を受けた時は、自分のプロフィールやこれまでの経緯などを話したのだが、番組動画のコメント欄に「なんでシャブ中が出てくんの？」というようなコメントが多く記載され、腹が立つというよりは、残念な気持ちになった。後から見たサムネイルに「大麻恐怖」というテロップと私の顔が掲載されており、クレームを出したこともあった。最近では、沖縄で若者の大麻事件が相次いだことで取材依頼が殺到し、地域のためになるのであればと思い、久しぶりに取材を受けたのだが、やはり大麻に手を出さないことが強調され、一度使ってしまった若者たちに関してのコメントはすべてカットされていた。

おそらく本質は、一般的な社会通念からかけ離れており、「回復」の概念もそのひとつだと思っている。薬物使用者は「更生」することが回復であって、一般的には薬を使っていない状態を指すのだろう。本質を言葉にすることは、時にメディアには馴染まないことがあるのだと感じるようになり、それを機に地元の新聞以外の取材は慎重に受けるようになった。

9　専門職としての顔

私はダルクで働きながら、その間に4年間の大学を無事に終え、精神保健福祉士の国家試験に合格し、晴れて専門家としてのキャリアをスタートすることができた。とは言っても、ダルクで何かその資格が生きるかといえば、すぐにはさほど実感しなかった。しかし4年の教育をすべて終え、資格という形で結実したことで、確実に自信は付いていた。施設のフロントに立つものとして、資格を有することで行政や医療機関との調整がスムーズになった。加えて沖縄ダルクでは、近年ニーズが多様化し、従来行っているミーティングだけでは回復を見込めない人たちが増えてきた。精神疾患等の影響で集団のプログラムになかなか馴染めなくて、そのことが入院のきっかけになることも少なくない。このような場面で集団と個別のアプローチを使い分ける技術がダルクスタッフには求められている。このような場面で見立てるのが専門職としての仕事だと思っている。

資格を取り私自身が嬉しかったのは、国家資格を持っているという「優越感」だった。あまり聞こえは良くないのかもしれないが、それでもよいと思っている。ダルクにつながる前の私は何一つ最後までやり遂げることはできなかった。そんな私が大学を卒業し、国家試験に合格したことは正直自分でも驚いている。案外自分自身にも眠っている才能があることを気付かせてくれた。殻を破るとはまさにこのことだと思う。私のあとに続いて沖縄ダルクのスタッフが通信の大学に進学したり、資格を取るために準備を始めたり、沖縄ダルクでは勉強ブームが到来しつつある。勉強はやり始めると楽しい。過去問などの詰込み型の資格を取るための勉強はつまらないが、知らないことを知るという喜びを感じることが学びなのだと思っている。

依存症支援以外の活動では、子どもの貧困問題や教育に関する会に声をかけてもらった。メンバーは普段関わることがあまりないような専門家の方たちで、会議中ハイレベルな言葉の意味をこっそりスマホで調べながらわかったふりをしている始末だ。しかし、様々な分野の専門家から社会問題への対応の困難さを聴くことで、逆にダルクのなかで自分が普段行ってきたことが、実はすごいことであるということに気づくことができた。ダルク以外の人たちとの関わりは、ダルクとは別の角度から自分を成長させてくれると思っている。

おわりに

気がつけば現在、私は複数の国家資格を取得し、沖縄ダルクの代表者を務めている。決して資格マニアではないし、自慢話でもない。40歳になるまでにできることはやっておこうと思い、このような結果になっただけである。それよりも沖縄ダルクの代表の立場にあることの方が自分では驚きである。北海道ダルクから沖縄ダルクへやって来た時からはとても現実とは思えない。

管理者の職に就いた頃は、施設規模が大きくなっていた時期で、とても一人では管理できる状態ではなく、不手際が重なり行政などの関係機関に謝ってばかりの日々だった。それがとてもつらくて何度もやめようと思った。代表になってからは、さらに強い不安に襲われることが増え、業務内容はさほど変わってはいないものの、責任がのしかかっている。職員の生活や、家族の生活も考えていかなくてはならない。どういうわけか私はいつも不安定な状況に足を突っ込んでしまう。

しかしこれも成り行きであり、自分が経験することは何らかの意味が必ずあるということを学んだ。管理体制を細分化することや、一度ダルクを辞めたことで大学に進学するタイミングが与えられ、病院での経験がその後のダルクの仕事に役立つことにつながった。これまでに私が学んだことは、安定するには常に不安定の中を進んでいくしかないということであり、不安こそ自分にとって大切なものであることが実感できる。

実は今回の原稿も、書き始めたとき不安で仕方がなかった。自分にとって本を書くということは大仕事であり、うまく書けないことに逃げ出したくなることもあった。しかし原稿を書き進めていくうちに改めて、自分が進んでいく方向を再確認できたことや新たな気づきを得ることができた。振り返ると原稿を書き悩んでいた時間はとても充実していた。私はこの10数年の間で、結果はどのような状況であっても常にギフトを受け取っていることを学んだ。

第8章　無限の可能性

鈴木かなよ

はじめに

私は、20歳の時にアディクションの問題を抱え、ダルクにつながった。ダルクにつながって10年以上になる。不思議なことに「ダルクに行きたくない」と思ったことは一度もなく、24時間365日ずっと居ても平気な場所である。ダルクに関わっていると、アディクションが止まるだけではなく、2度の失敗を経験したはずの高校を卒業したり、大学に進学する機会が与えられたり、本の執筆をする機会が与えられたり……自分が想像しなかったことが繰り広げられる。

今回、「エキスパートへの道のり～学びへの躊躇を乗り越える」というテーマでの執筆を迷わず引き受けた。自分の過去に触れることや、自分の苦労や不安を見ず知らずの人に伝えることにストレスがないわけではないが、私の物語を通して誰かの希望につながってほしいと思っている。

1　高校リベンジ

私は、２度の高校中退を経験している。16歳の時に高校を辞めて就職活動をしたが「中卒」という壁があることに気がついて、通信制の高校に挑戦した。しかし、返却されたレポートの間違いの多さにどうしたらいいのかわからず、山積みになった再提出のレポートを見て諦めた。自らリベンジを試みたくらいなので「高卒」は必要だと思ってはいたが、３度目の挑戦はあり得ないと思っていた。しかし、23歳の時に入寮したダルクで仲間と一緒に通信制の高校に入学することを勧められた。不安で無理だと思ったが、仲間が一緒ということで高校生活をリベンジした。

私が入寮していたダルクでは、高校に通う上での不思議な決まりがあった。「登下校は仲間と一緒」「学校でのお昼ご飯は仲間と一緒に食べる」「レポートは、期限の２週間前までに提出する」「仲間同士で勉強を教え合わない」「学校のことはダルクのプログラムの時間外にする」「わからないことは学校の先生に直接訊きに行く」……。まだまだたくさんあった気がするが、私はこの決まりに随分助けられた。

実は学校での休み時間にはトラウマがあって、誰かと一緒じゃないと不安で耐えられなかった。友達を作るのも上手なほうではなかったから、学校でダルクの仲間と一緒にご飯を食べてもらえることはとてもありがたかったし、助かった。

自宅学習のレポート作成は大変だった。勉強が得意ではなかったため、教科書を見ながら回答欄の穴埋めをすることはできても、基礎からわからないと答えられないものはお手上げで、スクーリング以外の日でも学校に通い、学校の先生にわからないところを訊きに行った。

学校での仲間との思い出の中で忘れられないエピソードがある。私が通っていた学校ではレポート提出についてはとても厳しく、一つでも空欄があると提出したままの状態で返却された。別の科目でも、何回確認しても空欄が原因で返却されることがあり、先ゆく仲間[1]に空欄をなくす方法を学校で訊いてくるように言われた。私は「そんなことを訊く人はいない」と思い、なかなか先生に訊けなかったが、一緒に学校に通うダルクの仲間は私と違って訊いてきた。結局、私は自分で学校の先生に訊くことができず、仲間が先生から訊いてきたことをコソッと教えてもらうことしかできなかったのだが、「できない問題は印をつける」「番号をふる」「確認は上からと下から2回確認する」など、仲間が先生から訊いてきたアドバイスの多さにびっくりした。

課題のレポートは量が多くて期限もあるため、毎日コツコツやらないと間に合わなかった。コツコツが苦手で、先延ばしにしたいと思う日もあったが、自分よりも年上の仲間が毎日遅くまで勉強している姿を見ると先延ばしにはできなかった。

私の手元には、通信制の高校での調査書が残っている。5段階評価で全てが3以上の成績ではあるが、レポートを期日までに提出したことや先生に毎回わからないことを訊きに行きレポートを間違いが少なく提出できたことなど、ダルクでの不思議な決まりのおかげだったと思う。先生のコメントによると、私は「明るく積極的な性格」と書かれていたが、一緒に学校に通ってくれた仲間がいなければ、このようなコメントを書かれることはなかったであろう。

通信制の高校を卒業してから随分と月日が経った。もうだいぶ忘れてしまっていることもあるが、仲間と一緒に通信制の高校に行かなければ、私の学歴が「高卒」へと変わることは、叶わなかったと思う。

2　ダルクに居続けたい気持ち

私はダルクに居る期間が長くなるほど、ダルクでの居心地がよく思えて、ダルクのスタッフになりたいと思うようになった。高校在籍中にスーパーの仕事を始めており、高校卒業と同時にスーパーの仕事を辞めてダルクのスタッフになりたいと思っていたが、中々そのチャンスが訪れることはなかった。

3　自立準備ホームの仕事

スーパーの仕事が長くなってきた頃、自立準備ホーム(2)の仕事を手伝ってほしいと言われた。スーパーの仕事を終えた後にホームを利用されている方に会いに行き、安否確認をして一時間程度の雑談をするだけだったが、楽しかった。その自立準備ホームの仕事の中である女性と出会った。「今日何を食べたの?」と聞くと、毎日必ずファストフードか、カップラーメンか、コンビニで購入したもののどれかで、それを平然と答える。そんな彼女を見て少し残念に思えた。彼女には小さな子どもがいて引き取りたいと訴えていたので、なおさら、心配になった。

私は、自立準備ホームで出会う人たちの様子を毎日報告した。彼女たちの小さな様子や変化は、後の生活に影響することを知っていたからだ。毎日のように「今日はカップラーメンだった」「今日はハンバーガーだった」と報告するうちに、施設の代表から「お弁当を作ってあげて」と言われた。私は決して料理が得意というわけでもなかったが、インスタント食品やジャンクフードが続くよりはマシだと思い引き受けた。それは私ができる唯一のサポートだと思った。

自立準備ホームを利用する人たちに国から支給される食費は最低限で、決して高い金額とは言えなかった。それでも「野菜も、お肉もお魚も食べてほしい」という思いから、私は材料費を節約するために自分の食事と一緒に作り、「朝」「昼」「夕食」と分けてタッパーに詰めて持っていった。グラタンや、ぶり大根やハンバーグなど、毎日違うものを作るよう、とにかく気をつけた。彼女が残さず食べてくれたかはわからない。それでも「おいしかった」と言ってもらえるのが嬉しくて、彼女が自立準備ホームを旅立つまで、このお弁当作りはずっと続けた。

4　念願のダルクスタッフ

スーパーと自立準備ホームの仕事を続けていると、三重ダルクで女性の支援がスタートすることになり、スタッフとして働けることになった。私はすぐにスーパーの仕事を辞めてダルクのスタッフとしてフルに働くことを期待したが、「スーパーの仕事は続けた方がいい」と助言されて、スーパーの仕事も続けながらダルクで働くことになった。

私がダルクから与えられた役割は、メンバーの給食作りだった。「なぜ、私が給食を？」と思うこともあったが、メンバーとの会話が増えたり、食事作りを通してメンバーの成長が感じられたりして、意外にも苦痛だと感じることはなかった。ダルクにやってくる人たちの食生活は偏りがあるため、「腹持ちがいいもの」「旬の食材を使う」「野菜をたくさん使う」をテーマに給食を作った。ダルクには貧困や虐待、ネグレクトなど様々な環境で生き延びてきた仲間がいる。能力的なハンデのある仲間もいる。私は仲間たちの「食」を通して、単なる好き嫌いだけではなく、その仲間の得意不得意や、仲間の育った背景・課題も見えてくるように感じた。

5　20歳の女の子との出会い

ある日、三重ダルクに「法務教官になりたい」という夢を持つ20歳の女の子がつながった。法務教官になるためにはどうしたらいいかわからなかったが、夢があることはいいことだ。ぜひ実現してほしいと思った。三重ダルク全体で応援しようということになった。しかし、生活保護受給者の彼女が仮に大学に入学できたとしても、何かとお金が必要になってくる。三重ダルクの就労継続支援B型事業所「おかずやさん」で工賃を得て、それを貯めるよう助言した。でも、そのために20歳の彼女がおしゃれや欲しいものを我慢していることは、隣で見ているだけで辛かった。「法務教官になったら、給料も高いし、ボーナスもあって、必ずいつか逆転するから」と励ました。成人式が近づき、「振袖が着たい」と聞くと、ダルクのニュースレター（機関紙）にそのことを書いて振袖の献品をお願いしたりしながら、少しでも20歳の青春を送れるようにサポートした。ダルクの近くにとても学費が安い公立の短期大学があったので、オープンキャンパスに一緒に参加したり、受験に備えて大学に願書を取りにいったりもした。しかし、彼女の限界だったのだろう。大学の資金として貯めていたはずのお金を握りしめてダルクを出て行ってしまった。無念だった。

6　ダルクスタッフを続ける不安

自分のことを卑下したくはないが、私には特技や趣味などがほとんどなくて、仲間のお世話をすることで自分を見出していた部分があった。仲間のことを考えている時間や、仲間のために動いている自分が唯一好きだった。しかし、簡単に回復する人なんてほとんどいない。自分がどれだけ仲間に尽くしても、期待したようにはいかず、怒っていることが多かった。初めの頃は、仲間のために怒っている自分も好きだと思ったが、仲間のことだけで感情が１８０度揺れ動く自分に寂しさを感じることもあった。

三重ダルクには大学卒業者で資格を保有しているスタッフもいるが、学歴や資格がないスタッフも、皆何らかの才能を持っている。みんな自分の能力を生かして仲間のサポートをしているように思えて、羨ましいと思うこともあった。

7　大学に行きたいと思う気持ち

ダルクでは自分が想像もしていなかったことが繰り広げられる。大学に進学するという発想なんてなかったが、大学に行ってみようと思う出来事が次から次に起きた。私は、ダルクにつながるまで、海外と無縁で、飛行機すら乗ったことがなかった。しかし、色々な場所へ連れて行ってもらい、自分が見たことのないものや出会うはずのない人たちに出会わせてもらった。

ダルクで連れて行ってもらう海外旅行は、代理店を通さずに自分たちで飛行機や宿の段取りをするため値段は破格だが、覚悟が必要な場合もある。例えば、ネパールの場合、「関西国際空港→上海→昆明→ネパール」という経路で行くのだが、飛行機の乗り換えも多く、待つ時間も長い。夜中の空港のベンチで長時間待ち、激安ホテルでの宿泊をしながら次の飛行機に乗るため、体力も必要だし、仲間と一緒でも怖い。しかし、初めてみる景色や文化の違いにただただ驚いた。

海外には、ダルクのイベントや学会で連れて行ってもらう機会も多かった。学会では、自分が普段出会うことのない、大学の先生や弁護士の先生など様々な職種の方と出会うことがあった。初めの頃は、自分と住む世界が違うと思い、挨拶をすることがあっても、自ら近寄ることはなかった。懇親会などの食事会で、ダルクのメンバー以外の人が自分の近くに座られた時は、会話に困るぐらいだった。しかし、学会の合間に観光に連れて行ってもらったり、国内のセミナーや勉強会などで会う回数が増えていくと、自ら近寄って会話をするようになり、大学や弁護士の先生の印象がどんどん変わっていった。

しばらくして、「ダルク大学を作る」という意味不明な話がダルクで飛び交うようになった。私も、フリースクールや、資金の手助けをしてくれそうな団体のもとへ連れ出された。ダルクで出会う大学の先生たちまで「ダルク大学」と言うようになり、会う回数も増えていった。毎日「ダルク大学」という話が飛び交うようになると、仲間と一緒に通った通信制高校を思い出し、自分もダルク大学が本当にできたら学びたいと思うようになった。

「ダルク大学」とキーワードが出るようになって、しばらくすると三重ダルク代表の市川が『刑事司法と福祉』という福祉の教科書を執筆した。ダルクに居たら聞いたことのある用語や知っている用語があっても不思議ではないが、代表が執筆した教科書を見て、自分も大学の教科書が理解できると錯覚した。

そんな中で、私が想定していなかったダルクのメンバーが「大学に行く」と言い出した。いつもおっとりしているメンバーということもあり、予想外で驚いた。しかし、彼が大学に行く姿は、私にとって希望で、「私も大学に行ってみたい」とすら思うようになった。

私は、大学に行くことを決意した。自立準備ホームでのお弁当作りや、ダルクでの給食作りをする中で、栄養の勉強がしたいと思うようになった。

8　大学進学のチャンス

ダルクでは、大学や専門学校に進学して資格を取得する人は増えてきているが、学費が安く、仕事を続けながらできる通信制の学校を選ぶか、奨学金や家族の援助を受けて進学をする人が多い。私は、仕事をしながら勉強できる自信もなければ、学費を自分で賄えるだけの貯蓄もなかった。

しかし、たまたま参加した大学のオープンキャンパスで「長期高度人材育成制度」というものを知った。長期高度人材育成制度とは、職業訓練のことで、入学選考試験に合格すれば学費が免除されるだけではなく、雇用保険受給資格者であれば生活費が保証されて学ぶことができる。私にぴったりだと思い申し込むことにした。入学選考試験は、定員の3～5倍の希望者がいて難関だったが、結果は合格で大学進学のチャンスを手に入れた。

9　辛かった大学生活

私は、本書の執筆中に大学を卒業した。当初、大学生活を満喫しながら執筆に取り組む予定だったが、大学に入学してみるとそんな余力や余裕はどこにもなかった。

入学当初は、教科書が読めないことに苦戦した。聞いたことのない専門用語、見慣れない漢字、わかりにくい言い回し。教科書を読んでいるだけで乖離した。さらに大学の授業は、ペースがものすごく早い。科目によっては、教科書一冊を半期の授業で習得する。予習復習するにも時間が足りないように感じたし、わからないことが積み上がっていくように思えて、不安で消えてしまいたいと思う日々だった。

勉強の方法もわからなかった。教科書に書かれている内容はどれが大切かの区別もわからなければ、書いて覚える方法しか知らなかった。なので、腱鞘炎でペンが持てなくなるまで書いて覚えたが、覚える内容が多すぎて、覚えたはずの内容もすぐに忘れてしまうこともあって辛かった。

ダルクでは、わからないことがあると「わからない」と言っていれば誰かが優しく教えてくれるが、大学で「わからない」と騒いでいる人はほとんどいない。自分が浮いていると感じることもあった。

10　コロナウイルスの影響

私は全日制の短期大学に入学したが、コロナの影響で最初の1年は自宅学習が多かった。家に篭もって学校から送られてくる課題をやるスタイルは、周りを気にすることなく自分のペースででき、読めない漢字やわからない用語があっても調べる余裕も持てて、ラッキーと思う部分もあったが、学校の先生や同級生とのコミュニケーションが取れる機会が少なくて困ることもあった。わからない問題があってメールで質問するが、返された返事が理解できなくて、それ以上訊くと「そんなこともわからないのか？」と思われるんじゃないかと途中で訊けなくなることもあった。

11　仲間の存在

大学生活は辛いこともたくさんあったが、入れ替わり立ち替わり色々な仲間が私を支えてくれた。

ダルクの仲間たちは、長年の付き合いがあるだけに安心感があるし、自分のことを理解もしてくれている。誰かが常に入れ替わり立ち替わり、私をフォローしてくれた。一緒に教科書の要点をまとめてくれたり、用語を面白おかしく語呂合わせして考えてくれた。「教科書がわからない」というと、漫画のものを探すといいよと言ってくれる仲間もいた。

同じ大学ではなかったが、三重ダルクで同じ時期に大学や専門学校に通うメンバーにも支えられた。何気なく電話した時に、同じ内容で悩んでいることが多く、「頑張ろう」と思わされた。

大学の勉強に自信喪失している時期、何気ない会話をしている時に「さすが栄養士」と褒めてくれることもあった。大学の学びが身についている自覚が持てて嬉しかったし、やる気にもさせてもらった。

12　長期高度人材育成制度

私は、長期高度人材育成制度という制度を使って大学に通わせていただいたが、この制度がなければ大学進学は難しかったと思う。

大学は、予想以上にお金がかかる。私の場合、学習机などがなかったり、大学生活で必須のパソコンが途中で壊れたり、車の車検や保険料の支払いと、まとまったお金が予想以外にかかった。貯金で賄うものもあったが、長期高度人材育成制度のおかげで経済的に追い詰められることはなく学業に専念することができた。

プレッシャーがないわけではなかった。学費免除、生活費が保障されていることによってある程度の成績をキープしないといけないという思い込みもあって、定期試験や大学が指定した資格試験は鬱になりそうなぐらい不安だったが、その分勉強した。

13　大学での出会い

大学では、色々な出会いがあった。私は、栄養士育成の大学だったため、グループワークが多く色々な出会いがあった。その中で一番印象的なのは先輩との出会いだろう。

私は、教科書をいただいたことがきっかけで先輩と仲良くなった。最初は、学校で会った時に挨拶をする程度だったが、プライベートでも会うぐらい仲良くなった。先輩は、同じ制度で学校に通っている共通点があり、課題のことや人間関係について話を聞いてもらうことが多かった。学校でチョコレートを使ったレシピを考える課題が出た時も、家に呼びつけて試作を一緒に作ってもらった。卒業式に「袴が着たい」というと、喜んで一緒に呉服屋さんを何軒も回ってくれて、一緒に選んでくれた。先輩には本当によくしていただいた。

大学では、この先輩以外にも様々な出会いがあった。10代の同級生がほとんどで、年齢という見えない壁が寂しいと感じる部分もあったし、10代の時に同じ経験をしたかったという思いもあったが、いい出会いをさせていただいたと思っている。

14　大学卒業

私は、２０２３年3月15日に短期大学を卒業した。恩師に「あなたは入学当初は、何もわからないと言っていたのを思い出す。だが、栄養士実力試験はA判定、たくさんの知識をつけて卒業されたと思う」と学位記を受け取った時は、達成感と喜びでいっぱいだった。

大学を卒業するにあたって努力はしたが、努力だけで卒業できたわけではない。大学に行きたいと思うようになったタイミングも良かったし、学びに集中できる最大の環境が与えられたのもよかった。支えてくれる人も常にいた。運が良かったのか、奇跡が起きたのかわからないが感謝しかない。全ての人へ「ありがとう」と伝えたい。

おわりに

今回、「エキスパートへの道のり～学びへの躊躇を乗り越える」というテーマで執筆をさせていただいた。ある程度時間が経ち、自分の中で整理された出来事は描きやすい。ダルクで繰り広げられる不思議な出来事は自分のことですら漫画のようで面白く、楽しく書かせていただいた。ただ、大学在籍中は自信がなくなり、不安で負の感情が強く、何を書いたらいいかすらわからなくなった。学びへの躊躇を乗り越えるヒントが書けているかはわからないが、私の物語が誰かの希望につながってほしいと心から祈っている。

私は、４月より三重ダルクに復職した。ダルクに繋がるほとんどのメンバーは食生活に偏りがあり、味付けの濃いものを好む傾向があるため、「腹持ちがいいもの」「旬の食材」「野菜をたくさん」をテーマとした食事作りは変わらない。だが、大学での２年間の学びが役に立っていると実感することは増えてきた。また、相変わらずダルクでは不思議な出来事が繰り広げられている。９月にはモンゴルを訪問し、医者や弁護士、大学の先生に混じってモンゴル政府の方に「食のアプローチで回復を支える」という話をする機会が与えられた。10月には、犯罪学の権威であるシャッド・マルナ氏が三重ダルクに来られ、食事提供と女性の支援で大切にしていることについて話をさせていただいた。ずっと当事者でしかなかった自分が、「栄養士」と名乗ったり、紹介される経験はとても不思議だが、自分は不適応者ではなく、努力すれば何者にでもなれるという感覚を初めて感じている。

栄養士の資格を取得したことによって、「栄養管理」や「栄養指導」などできることは増えたが、私が学びへの躊躇を乗り越える過程の中で仲間たちがしてくれたことを忘れてはいけないと思っている。私は、指導されたのではない。一緒に歩んでもらったのだ。

（1）ダルクにおける先輩のような存在

（2）刑事施設を出所した人の緊急支援として住居と食事を提供する施設。詳細は法務省ホームページ https://www.moj.go.jp/content/000095436.pdf

第9章 専門職への道のり

みつはしかずあき

はじめに

僕は現在、大阪ダルクというアディクト（依存者）の回復支援施設で働いている。僕自身もアディクション当事者であり、精神保健福祉士・社会福祉士の資格を持った専門職でもある。

今回、「エキスパートへの道のり」というテーマで原稿を書くよう依頼をいただいた。ダルクスタッフになってからの13年、当事者の経験を活かしながら、アディクションの問題を抱えた人たちのサポートをしてきた。しかし、いつからか壁に直面するようになり、この先ダルクのスタッフを続けていけるのか不安に感じていた。

そんな中、当事者という立場から少し離れ、専門的な「学び」を始めてみたことは、僕の大きな救いとなった。

今回、なぜダルクで働きながら専門的な資格を取ろうと思ったのか、そして、その「学び」を経たことでどんな変化があったのか、について記していきたいと思う。

1　ダルクでのリハビリ後

初めてダルクを訪れたのは20年前、精神科の医者からの紹介だった。荷物を持って精神科病院に入院しに行ったものの、「やっぱり無理」と引き返し、僕に残された選択肢はダルクだけとなった。ダルクに行くまでは相当抵抗を示したが、今思えば、僕は初日からダルクを気に入っていたように思う。特に髭をはやしたタトゥーだらけの施設長にはずいぶんと惹きつけられた。どうやったら彼のようになれるんだろう？　どうやったら薬物から解放されるんだろう？　そんなことが知りたくて毎日通った。

９ヶ月ほど通ったダルクには最終的にルールが守れず通うのをやめたが、苦しい時期を一緒に過ごしてくれた仲間の存在は本当にありがたかった。

ダルクを出た後、いくつかアルバイトはしたものの長く続かなかった。自助グループにはなんとか通っていたが、自宅に籠もっていることが多かった。確かに薬は止まったのに心の中は空っぽで、感情というものをまるごと取り除かれたようだった。なんでこんなに虚しいんだろう？　薬をやめた世界は僕の想像とは違っていた。もっと楽になるはずだったのに……。

何か身につけようと思い、ＷＥＢデザインの実践講座に通うことにした。１人でできる仕事をしたいと思い、パソコンを使ってなにかできないか探していたのだ。

この学校の先生が実に面白い人で、授業以外の時間にＰＣでできることを色々と教えてくれたので、何も知らなかった僕はどんどん夢中になっていった。数ヶ月後、僕はホームページを作りネットショップを一つオープンした。仕事にしていけるほどの技術はなかったが、心の中が空っぽだった僕に、夢中になれるものができたことはありがたかった。

２　ダルクスタッフを始める

数年ぶりにダルクを訪れたのは、大阪ダルクのホームページ作りに携われないかと考えたからだ。ところが、何度かダルクやＦＲＥＥＤＯＭ（大阪ダルク支援施設）を訪れているうちに、ひょんなことからダルクのお手伝いをさせてもらう運びとなった。

僕に与えられた役割は、拘置所にいる薬物依存者にメッセージを運ぶことだった。ダルクに手紙を書いてきてくれた人に会いに行き、ダルクの説明をし、自分の経験を伝えるという、大阪ダルクが行っているメッセージ活動だ。後に「会いに来てくれて嬉しかった」と手紙をいただいたりしたときは、こんな自分でも役に立てるのだと思い本当に嬉しかった。

ダルクではミーティングの司会などをして、再び仲間と共に時間を過ごした。その頃はスタッフというよりも、自助グループの延長のような関係で仲間と関わっていた。利用者でもスタッフでもないボランティアスタッフという微妙なポジションは、楽ではあったが自分の立ち位置に困惑することもあり、この頃から正式なスタッフとしてダルクで働きたいと思うようになっていった。

ところが、正式なスタッフとなってから気負いすぎたのか、僕は少しずつずれていった。僕にとって回復のモデルであったスタッフのように、僕も「ならなければ」と思ってしまったのだ。仲間から頼られ相談されることを求め、一生懸命頑張った。「仲間にどんなサポートができるのか」を考えるよりも、「どうやったら仲間から頼られるか」を考えていた。僕自身の回復が未熟であったため、仲間のサポートとは名ばかりで自分のエゴを満たすことに必死になっていた。

同時に、自分とはタイプが違う（自分の経験が通用しない）仲間の存在に困惑した。自分に似た仲間のサポートはできたが、そうではない仲間にはどう関わればいいのかわからなかった。その仲間たちにうまくいく方法を考えず、「ミーティングやプログラムを活用すること」しか助言できない自分にだんだんと疑問を持ち始めた。

「彼らに本当に必要なのはミーティングなのだろうか？」

「自分の経験を伝える以外に、僕は何ができるのか？」

そんなことが頭の中をぐるぐるとまわり、モヤモヤとする日々が続いた。

3　ダルクスタッフの不安

話は変わるが、僕がダルクのスタッフを続けていくのに不安を感じていたことが2つある。1つは、薬物やアルコールの再使用があれば解雇となること。2つ目は、もしダルクをやめたら仕事はどうするのか？　だ。

実際、再発し、命まで失った先輩スタッフを見てきた。この人のように回復したいと憧れた彼が、道でビールの缶を片手にふらついている姿を見たとき、心が張り裂けそうになった。なんでこんなことが起こるのかと、どうにもできない感情に苦しんだ。しかし、彼の死は、言い方は悪く聞こえるかもしれないが、「どうすれば彼のようにならずにすむのか」「僕はどうダルクで働いていけばいいのか」を考えるきっかけを与えてくれたように思う。

ダルクをやめようかと考えたことも何度かあった。自分がこの仕事に向いていないのではないかと悩んでいた。そもそも1人でできる仕事をしたいと思っていたのに、なんでこんなに密に人と関わる仕事をしているのか。正直に言うと、僕は仲間の役に立ちたいと思ってこの仕事を始めたわけではなく、過去の経験を全く問われないダルクは就職先として「おいしい」と思って始めたのだ。

そんな僕でもダルクスタッフをやっていけると思った理由は、自分に当事者としての経験があるからだ。しかし、自分に経験があるからといって、「仲間をサポートできる」わけではない。「経験がある」ことと「支援をする」ことは別のことだ。ところが、ダルクスタッフを始めてからは、自分の経験にこだわってしまい、仲間に自分のやり方を押し付けるような形になってしまっていた。周りのスタッフや支援者を見渡すと、僕とは根本的に違っているように見えて、支援者失格のような気持ちになっていった。

しかし、辞めるとなったら仕事はどうするのか。実際、ダルクの運営が傾き、色々と大変な時期があった。このままダルクで働いていけるのかも危うくなり、不安とストレスで精神的にもかなり参っていた。毎日辞めるのか続けるのかを考えて円形脱毛症ができたくらいだ。しかし、ダルクを辞めて自分に何ができるのか？　若いわけでも、他に経験があるわけでもない僕に、簡単に仕事が見つかるとは思えなかった。加えて、ダルクでやってきた支援者としてのキャリアを簡単に手放すこともためらわれた。そう考えるとどうにも身動きが取れず、不安に蓋をすることしかできなかった。

その頃よくそういった不安を自助グループのスポンサーに聞いてもらっていたが、本当にこういうときほど仲間の存在がありがたいと思うことはなかった。彼はいつも話を聞いてくれ、共感してくれた。彼は、同じような不安をかかえていたことがあり、自分の場合は「資格」を取ったのだと教えてくれた。

実際ダルクの仕事にも行き詰まっていた。資格を取っておけば、もしダルクの仕事を失っても何らかの仕事にはつけるだろうし、ダルクを続けたとしても、資格を活かせるに違いないと思い、資格を取ることをぼんやりと考え始めた。

4　資格取得への躊躇

しかし、それからも資格を取ることを数年間躊躇していた。メリットがあるとわかっていても、その過程を考えると面倒になってしまい、なかなか行動には移せなかったのだ。過程というのは、学校に入学し資格を取得できるまでの期間のことだ。僕の場合、精神保健福祉士の受験資格を得るためには、福祉系大学などに入学し4年間学ぶか、実務経験が4年以上あったので専門学校に入学し約1年から1年7ヶ月学ぶかの2択だった。国家試験に一発で合格できたとしても、資格を取得できるのに最短で約2年（通信の専門学校の場合）かかる。それに加え、学費や、試験勉強にかかる費用なども安いものではない。何より勉強など高校の時以来したことがない。「学習」というものには辛くて面白くないというネガティブな感情しか持っていなかった。今後に不安は感じていたものの、資格がなくても差し迫っては困らないので、ずるずると先延ばしにしていた。

そんなことを考えているうちにまたふりだしに戻り、専門学校のパンフレットを眺めながら「今年はやめておこうか」と、1年、2年が過ぎていった。

そんな僕を後押ししたのは、職場で障害福祉サービスの加算を取るために「精神保健福祉士」か「社会福祉士」の資格を持った人を探すことになったからだ。当時、有資格者を探しては見たものの、なかなか条件に合う人が見つからず困っていた時、「自分がなればいいじゃん」と自助グループのスポンサーに言われた一言がきっかけで、再び資格を取ることを考えだした。

確かに自分が資格を取ればもう1人雇う人件費は浮いてくる。だとしたら、「そのぶん自分の給料を上げてもらえるのではないか？」そんな考えが頭をよぎりだした。

ちょうどその頃付き合っていた女性との将来を考え、収入面で不安を感じていたこともあり、どうにか収入を増やせないかと悩んでいたのだ。これは願ってもないチャンスかもしれないと思い、思い切って職場に相談してみたところ、意外にもあっさり資格手当をつけることを承諾してもらえた。

「これは、やるしかない！」と、一気にやる気に火が付き、ここで流れに乗らなければ、今後資格を取ることはないだろうと思い決心した。

5　専門学校に入学し「学び」を始める

僕は精神保健福祉士の資格を取得するため、専門学校への入学を決めた。なぜ大学ではなく専門学校にしたかというと、単純に時間が短いからだ。少しでも早く資格が欲しかったのだ。

入学してまず驚いたのは、家に届いた教科書の量だ。精神保健福祉士の試験科目は当時で16科目。どんなことを学ぶのかもよくわからないまま願書を提出したので、積み上げた教科書を見て唖然とした。

いざ学習を始めて大変だったことは、レポート学習から受験勉強に至るまで、勉強の仕方がわからないことだ。通信教育なので、教科書で勉強したことを期限までにレポート提出するというものだが、そのレポートの書き方がわからず、まず書き方を調べることからスタートだった。なんとなく書き方を理解しても、「これでいいのか?」「ここはどうするのか?」とわからないことだらけで大いに苦戦した。通信教育のため先生が教えてくれるわけでもなく、進行状況を誰かと共有するわけでもない。いわば怠けようと思えばいくらでも怠けられる状況で、コツコツと学習していくことは大変だった。

入学して３ヶ月くらいたった頃、スクーリング授業に参加した。朝から夕方まできっちり詰め込んだ授業は大変だったが、教えてもらうということが新鮮で、案外楽しんでいる自分がいるのに驚いた。たった１週間ではあったが非常に密度の濃い時間だった。

学習の進め方や国家試験のことなど不安が多かったので、直接聞ける対面授業は助かった。同級生たちは援助職者だけではなく、全く違う分野から医療や福祉の分野に携わろうとしている人もいて、皆真剣だった。彼らと接したことで自分も頑張らねば、といい刺激になった。驚いたのは、仕事でお会いする関係機関の方が同級生だったことだ。その方とは、その後仕事でお会いする度に、レポートの進み具合や受験勉強の話ができて、非常に心強かった。

精神保健福祉士の教育課程で学ぶ内容は全く知らないものではなく、ダルクの現場で培ったものを改めて正確な知識として学び直しているものが多かった。社会保障、保健医療、生活保護制度などの学習は、ダルクで働いていれば確実に必要な知識だ。こういった学習は即現場で使える知識なので勉強にも身が入った。さらに、精神疾患や精神医学を学んだことで、当事者として自分に何が起こっていたのか、ダルクの仲間に何が起こっているのか理解を深めることができた。

レポートもなんとか全部提出し、いよいよ卒業できたときは嬉しかった。途中で諦めるのではないかと思いスタートしたので、最後まで頑張れたことは自信につながった。しかし、この卒業は〈受験資格〉という切符を手にしただけで、そこからの試験勉強には不安しかなかった。

６　辛かった試験勉強

試験勉強のやり方について、資格を取った人たちに聞いてみたところ、過去問をやればいいと教えてもらったので、さっそく過去問題集を購入してみた。いざ中身を見てみると問題の意味がわからない。答えや解説を読んでも何を書いているのか理解できない。初めて過去問を解いたときは１６３点満点で50点ほどしかとれず目の前が真っ暗になった。

レポート学習もしていたし、何といっても現場で仕事をしているので、ある程度はいけるのではないかと思っていたが、試験勉強は全く別物だった。

漠然と勉強しても受かるはずがないと思い、まず勉強の仕方を徹底的に調べた。インターネットには「過去問を○回やれば受かる」とか、「2週間で合格！」とか様々な情報があったが、勉強を始めて感じたのは「そんなわけない」だった。過去問を何回か解けば、正解を覚えるくらいはできるようになったが、違う角度から問われたときに答えられるような「知識」として定着させるには、かなりの日数が必要だった。もちろんできる人もいるのかもしれないが、僕にはそんな短期間では到底無理だった。

勉強の仕方を調べているうちに、自分にしっくりとくる勉強法を見つけることができた。「よし、この人のマネをしてみよう」と、自分なりに少しずつアレンジを加えながら勉強を始めていった。しかし、不慣れな勉強を進めていくのは大変で、学習のコツを掴むのにずいぶん苦労した。切羽詰まっていった僕はSNSで直接その人にコンタクトを取り、勉強方法などを何度かアドバイスしていただいた。顔も素性もわからない僕に、同じ福祉職の仲間だからと親切に教えていただいたことは感謝しかない。

昔とは違いインターネットを使えば、必要な情報を手に入れられることは学習を進めていく上で大いに助かった。しかし、信憑性のない情報も多くあるため、見極めは重要になってくる。僕の場合は、いいなと思ったものを色々真似てやってみるうちに、自分のオリジナルの勉強法ができていった感じだ。

次の課題は勉強時間をどう確保して、いつやるのかということだった。夜、勉強を始めたが、全く集中できず5分でスマホを触る始末だった。仕事から帰ってゆっくりしてしまうと、そこから勉強するのは至難の業だ。夜は映画やドラマを見るのが楽しみで、こういう楽しみを削るとストレスになってしまい、続かないと思った。そこで、夜に勉強することは一切やめて、朝早く起きて勉強することにした。僕は夜は苦手だが、朝は行動的で頭も冴えているので、これはうまくいった。

だんだん慣れてくると、勉強しなければなんだか気持ちが悪いという罪悪感が生まれるようになった。罪悪感を抱えながら1日過ごすのは気持ちが悪いので、たとえ短時間でも勉強するようにした。1問でも問題を解けば自分を納得させることができたのだ。そんなことを繰り返しているうちに、勉強する習慣がついてきて、夜も短時間だが勉強できるようになっていった。

途中、「こんな勉強の仕方でいいのか?」「この問題集もやったほうがいいのではないか?」と不安になったが、色々なものに手を出すと勉強する量が増えるので、ひとつのものを完璧にできるようにしたほうがいいとアドバイスをもらい、そうすることにした。

もっと勉強できたのかもしれないが、メリハリをつけることを大事にして、決めた勉強時間以外は一切やらなかった。ストレスを溜めないようにはしていたが、試験勉強はやはり辛いものだった。いくら勉強しても安心することはなく、失敗する恐怖をはねのけたり、できなかったりと大変だった。

当初、受かればいいなと漠然と思っていたが、勉強が進むにつれ「絶対に一発で合格する」ことが目標に変わっていった。理由は、また次の年もこの勉強をやることを考えたらゾッとしたからだ。自分には来年もモチベーションを保つことは不可能だと思った。

この辛い勉強を乗り切るためのモチベーションは、精神保健福祉士と書かれている新しい名刺を想像することと、合否は関係なく、試験が終われば旅行に出ることを楽しみに乗り切った。

僕は高校の時以来、学習することに触れる機会がなかったので、独学というものに随分苦労した。精神保健福祉士の試験は、暗記することも大事だが、まず「理解する」ことが重要になってくる。はじめの頃、いくら参考書を読んでも意味がわからず途方に暮れた。何度読んでも理解できないのだ。教えてくれる人などいないので、ネットや動画サイトなどを使ってなんとか理解を深めていったが、「理解する」という点においてかなり苦労した。

しかし、今思えば四苦八苦しながらオリジナルの勉強法を作り出していったことが楽しい部分もあった。初めて学習の楽しさに触れていったような気がする。最初は勉強することが苦痛でしかなかったが、学習を進めていくと、驚くことに学ぶことが楽しくなっていった。

知らないことを知り、わからなかったことが理解できるようになる。学んだ知識はもちろん仕事で役立つものなので、仕事にも自信がついてくる。学習することで成長を実感でき、もっと学びたくなる。これが僕が感じた「学び」の楽しさだ。

ドラッグの一瞬で得られる満足感にかつて僕は虜になった。しかし、コツコツと努力して得られる満足感がこんなに素晴らしいとは知らなかった。

7　資格を取って何を得たのか

合格通知に次いで、精神保健福祉士の登録証が届いたときは感慨深いものがあった。なんだか自分が誇らしく思えた。

資格を取ってまずしたことは、精神保健福祉士の求人探しだ。もちろん転職するつもりはないのだが、どれくらいこの資格に求人があるのか見てみたかったのだ。「お！　あそこの病院も精神保健福祉士募集している」、「この病院だったらダルクでの経験も役に立つに違いない」などと妄想するのは夢が膨らんで楽しかった。

ダルクの仕事を失ったらどうなるのかと不安だったが、今の自分には転職するという選択肢すらある。この心の余裕を持つために資格を取ったと言っても言い過ぎではない。モヤモヤとしていた不安は、「なんとかなる」とわかると楽になっていった。

次は名刺を作り直した。以前は名刺に自分の肩書を「ピア・カウンセラー」と書いていた。しかし、いつからか名刺を渡す度に、「僕は当事者です」とカミングアウトしているようで、違和感が出てきた。これは、当事者であることを恥じているということではなく、名刺を渡す全ての人に、「自分が当事者だと伝えること」の必要性に疑問を持ち始めたという意味だ。

昨今、研修などで、ダルクのことを知らない人たちと名刺交換する機会も多い。専門学校で知り合った同級生たちとも名刺を交換したが、彼らに僕が依存症の当事者だと伝える必要性があるとは思えなかった。僕は当事者として彼らと接したいのではなく、支援者の一人として、同じ学生として接したいのだ。だから、法人の名前のみ記載された名刺を渡していた。もちろん自分がどういう仕事をしているのかは伝えるが、それで充分だと僕は思っている。しかし、名刺を2種類持ち、使い分けることが、はっきり言って面倒くさいのだ。だから、「精神保健福祉士」と名刺に書くことで、当事者であることを前面に押し出すことなく、自分が望んだときにだけ当事者であることを伝えることができるようになったのは、僕にとって大きな利点だった。

8　専門職となって変化した仕事

資格を取ったからといって、仕事が大きく変化したことはないが、学習を始めたあたりから、自分の経験にこだわることは少なくなっていった。経験だけにこだわらず、色んなものを取り入れればいいと柔軟になれたことは大きなメリットだ。

専門的な課程を経たことで、アディクション以外の課題（知的障害・発達障害など）を持った仲間への理解が深まり、自分の経験や自助グループで学んだことだけではなぜ通用しないのか、自分の中で説明がつくようになった。当事者だからと共感することにこだわらず、むしろ理解することで、関わり方の幅が広がっていったように思う。

また、ダルクを訪れる人の多くは、アディクションの問題だけではなく、生活そのもの、ひいては生きることに困ってやってくる。そのため、まず生活を整えることはとても大事だ。住むところがあり、食事ができて安心して睡眠がとれること。そして、何より安心できる居場所があること。そういった生活が安定してこそ回復も軌道に乗り始める。焦燥しきったアディクトが、生活が安定することでアディクションが止まり始めるのは珍しいことではない。生活を支援することや、必要に応じて、その人のニーズにあう社会資源に繋げることは、精神保健福祉士になってから特に意識していることだ。

そのため、僕自身が地域の支援者たちとの関わりを積極的に築いていくようになった。今までは「当事者の経験」にこだわっていたため、どうしてもダルクの中だけでサポートすることが多かったが、昨今ダルクを訪れる人は多様になってきたため、様々な支援者に相談する機会が増えていった。アディクション問題を抱えた人がダルクと繋がったことで、活用できる社会資源が広がり、多くの支援者が関わるようになればこんなに心強いことはない。

ダルクの仕事に不安を感じて取った資格だったが、学びを進めるにつれ、当事者以外の自分を確立することができたことで、ダルクでの自分の役割のようなものが摑めた気がする。

とはいえ、ダルクの仕事には仲間のサポート以外にも、学校講演や行政機関に講師として呼ばれる仕事もある。依頼者から求められるのは、「当事者」としての僕であることに変わりはない。支援者の立場での話をしてもいいか？　と尋ねると、当事者としての話だけにしてほしいと断られてしまうこともあった。当事者以外の自分を手に入れても結局ダルクにいる以上僕は当事者としてしか求められないのかと、嫌になることもあった。

しかし、今は依頼者の期待に１００％応えるような話はもうしていない。それはこの本に出てくる執筆者たちに出会えたことが大きいのだと思う。僕が感じていた違和感や気持ち悪さを、同じように抱えていた仲間がいるのだという安心感は、僕に勇気を与えてくれた。依頼者の求める話ではなく「自分が伝えたいこと」を優先させることができるようになってきたのはこういった出会いと、圧力に負けず好きなことを喋ってやるという僕の反抗心かもしれない。

おわりに

改めて、書き上がった自分の原稿を読み返してみた。この数年「学び」を始めたことで、「自分にはできない」と思っていたことは、単なる思い込みにすぎないことがよくわかった。意外にも自分がコツコツと努力ができる人間だと知ったのは驚きだった。

資格を取ったことは随分僕を助けたが、感じていた不安や違和感を全て解消できたわけではない。決してゴールではなかったのだ。

だが、やはりこういった時仲間の存在はありがたい。薬物の問題で苦しんでいた時から現在に至るまで、その時々によって様々な不安や悩みがあった。その場面場面で同じような問題を抱えていた仲間がいて、助けてもらい支え合ってきた。今もそうだし、これからもきっとそうなのだと思う。

ともあれ、この原稿が、誰かの役に立つことを願っている。そして、「学び」を躊躇している人がいれば、是非挑戦してもらいたい。僕がそうであったように、自分の想像以上のものが得られるに違いないからだ。

終章 むすびにかえて

市川岳仁（本書編者）

いま僕の手元には書き上げられたばかりの各執筆者の原稿がある。そういう意味では、編者である僕がこの本の最初の読者である。これらをじっくりと読みながら、本書をまとめたい。

まず、各原稿を読んだ率直な感想として、大きな安心感が挙げられる。それは長い間、自分だけが感じていると思っていた、ある種の孤独や説明できなさが一気に溶けていくような感覚によるものだ。それは本書の企画が生まれた２０２０年秋の名古屋での集い以来、このメンバーで集まりを持ってきた。それによって僕は大切な仲間たちを見つけたと感じている。まさに「今を生きていくために必要な連帯」とでも言おうか。自分のことを、そして、自分が感じていることを忌憚なく分かち合える仲間たちである。それは、僕自身がいま立っているところと、その風景を共有できる仲間だからだ。そんな仲間たちが描いた物語をまとめると、次のようになる。

1　「地域」で一人の人として生きる――回復の第二の物語の存在

まず、執筆者たちは、各々がある時点において回復の第二の物語ともいえる「アディクション当事者」以外のアイデンティティを得ている。それは、資格のような自ら望んで手に入れたものもあれば、親になるなど、ライフイベントによって生じたもの（役割）もある。いずれにせよ、僕たちは、ある時から「回復中のアディクト」であるだけではなくなったのである。

ヨコヤマは、ダルクの日々の中では「依存者である」ことが前提で、それ以外のアイデンティティは見つけられずにいた。だが、だんだんと自分の体験談を人前で話すのがつらくなってきた。出会うすべての人に「薬物依存者です」と自己紹介するのがイヤになり、「依存者としての自分は自助グループの中だけでいい」と思うようになった。その後、ヨコヤマはさまざまな職業を経験し、そこでアディクト以外のアイデンティティを得た。

山田も同様に、薬を使った頃の記憶を忘れないように、ずっとアディクトであることを語り続けていくのだろうと思っていた。しかし、母となった山田は、ママ友と一緒いるときに路上で遭遇したダルクメンバーに話しかけられたことに困惑し、迷惑だと感じた。子どもにとって、山田は「アディクト」ではなく、母であるからだ。薬物を止め始めた頃は、自分の依存者としての話が誰かの役に立つことがとても嬉しかったが、そこに話す人と聞く人の〈依存者〉〈健常者〉という隔たった関係があることに気づいてからは、自分の過去をさらけだすような無理な体験談はやめたという。このようにして、本書の著者たちは、依存者として語ることに「違和感」を感じるようになっていった。それぞれの回復過程の中で手に入れた新たな役割と「依存者」としての役割が葛藤を引き起こしたのである。

みつはしは、ダルクスタッフとして、以前は名刺の肩書きを「ピア・カウンセラー」と書いていたが、今は「精神保健福祉士」と書くことで、自分が望んだときにだけ当事者であることを伝えることができるようになった。彼は学校で知り合った同級生たちとの名刺交換の際、依存症の当事者であると伝える必要性があるとは思えなかった。「依存者」として彼らと接したいのではなく、同じ援助職の一人として、同じ学生として接したかったのだ。

鈴木も大学に通うあいだ自分が「アディクション当事者」であることを公開しなかったという。それは、大学に通うようになる何年か前、通信制高校で先生に自分の話をして深く後悔したことがあるからだ。本来、こうした公の場で自分が「アディクト（依存者）である」と開示する必要はない。だが、世間の「当事者」へのまなざしは相当しつこい。佐藤は「支援者」としてメディアからのインタビューを受けた際、サムネイルに「大麻恐怖」というテロップと共に紹介されたという。こういう特定の意図を持ったまなざしを常に意識させられることは、当事者に再度の負の烙印（スティグマ）を与えるものだ。

では、本来拒否できるはずのこうしたラベリングを当事者が自ら引き受けていくのはなぜなのか。山崎は、「依存症当事者」としての役割を押し着せられることは不自由であったが、実のところそれは、「自ら望んでしがみついていた」ものだったという。自分の話が誰かに感動を与えたり、誰かから良い評価を受けたりすることの心地よさに耽っていたからだ。だが、「それがひどい薬物中毒のアウトロー役であれ、素晴らしき回復者の役であれ、何かの役割を演じて生きる人生というのは窮屈でしかない」とも言う。そんな彼がダルクの退職を考えたときに感じたのは、誰からも「依存者」とは呼ばれなくなってしまうという不安と喪失感、心細さだった。僕はこの原稿を読んで「仲間がいた！」と思った。心のどこかでずっと違和感を感じながらも、求められるままに応えてきた「当事者」としての役割を手放すときに感じる不安や恐れ、そして孤独は、僕自身が痛いほど経験してきたことである。しかし、その恐れと不安のために、もう一度「当事者らしい語り」に戻る必要がないことも、僕たちは知っているのである。僕たちはいま、回復のプロセスにおける第二の物語の存在とその重要性に気づいている。それは、「アディクション当事者」としての物語から、「私」の物語への移り変わりのことである。僕たちがそれぞれに感じてきた違和感が客観的な気づきとなるためには、それをメタに認知するための「場」が必要だった。仲間が必要だった。そして、本書の集まりでそれを見つけたのだ。

2 「当事者」としての役割を期待する力

僕たちに「アディクション当事者」としての役割を期待する力とは、どんなものなのだろうか。1970年代から80年代にかけて始まり、90年代以降、一気に拡がった日本におけるアディクションリカバリーの当事者活動は、全国にたくさんの回復者を輩出した。それによって、「専門家もお手上げの病気」とされていたものは、「回復できる病気」という認識に変わっていった。さらに、2000年代以降になると、行政機関も回復者の存在とその意義を認め始め、それぞれの場所で活用するようになってきた。まず、刑務所が「回復者」としてダルクのスタッフを迎え入れ、受刑者の再犯防止に役立てようとした。次に医療機関がアディクションを「依存症」という疾病概念で捉え、治療の対象として積極的に受け入れ始めた。保健所や精神保健センターでも依存症相談が始まった。極めつけは、「ダメ。ゼッタイ。」と言っていた厚労省が、「依存症は回復できる病気です」と言い始めたことだ。ついに、社会がアディクトを「病気を抱える人」として擁護し、回復を評価し始めたのだ！

こうして「依存症時代」が到来した。年々、回復者の社会化といえる現象が始まっている。いまはオンラインの時代なので、ネット上にかつてないほどの当事者の言説が溢れるようになった。ここで胸をかすめるのが、第二、第三の仲間の悲劇が生み出されることへの懸念である。人は誰だって認められたい。それが、「良くできる」と誰かに評価されることであろうが、アディクションの「患者」として、あるいは、「回復者」として認知されることであろうがだ。人間は、「自分が何だかわからない」のが一番不安定になるのだ。そして、これがアディクション（依存）の本質といえる。「アディクション当事者」として得た認知（承認）を失わないために、あるいは維持するために、ときに無理をし、自分を歪め、いつまでも当事者として語り続け、その評価してくれる相手のまなざし（期待）に支配されてしまう。こうして、アディクトは、「回復」しながら依存構造へと舞い戻っていくのかもしれない。12ステップに基礎をおく自助グループが外部の人や機関に向けて「体験を語ること」に注意深さを求めているのも頷ける。

ダルクの活動が始まった80年代は、まだアディクトが回復することを社会が信じられない時代だった。医療従事者の間でさえ、依存症は「回復させられない」と認識されていた。皮肉なことに、これが多くの回復者を生み出すことへとつながった[1]。ハチヤはダルクが発展した理由として、「薬物依存の領域に国や医療がほとんど参入しなかったこと」を挙げる。「もし、手厚い取り組みが為されていたら、今の当事者たちの活躍は生まれていなかっただろう」と指摘する。だが、アディクションの当事者たちは自分たちの姿をもって「回復できる」と証明したことで、さまざまな場所で「回復の体験談」が求められるようになっていった。これは一見、喜ばしいことのように見える。だが、世間一般に向けて体験を語ることと、自助グループなどの閉じられた環境の中で体験を分かち合うことは大いに異なる。その意味の違いについて、よく認識しておく必要がある。

依存者の回復を信じようとしない時代の社会で当事者が体験を開示することは大きなリスクがあった。だからこそ自助グループが必要であり、自助グループこそが安全な場所となりえた。12ステップを採り入れた自助グループは、あらゆる出自の人を受け止めて包摂する非批判的なコミュニティである。メンバーになるために要求されることは、アルコールや薬物を「やめたい」という願望だけだし、誰かにアルコールや薬物をやめることを要求しない。そもそも、やめられないことを批判できるような「正しい」メンバーも存在しない。自分たちのことを統制しようとしたり、批判したり、治（直）そうとしたり、排除しようとする権力のある誰かや集団が存在しない。そこには、同じような経験をした当事者しかいない。そういう権力者や専門家がいないということは、自分たちのことを「逸脱者」や「犯罪者」や「患者」といった立場で扱う人もいないということである。さらに自助グループの中では、依存者は他の依存者へのサービス活動を行う。たとえば、自助グループの会場を開く、コーヒーを準備する、ミーティングの進行をする、などである。さらに、特定の仲間の親身な相談相手となって自分の時間や経験を無償で分かち合う。

こうした自分以外の依存者に対する献身的な活動によって、回復者として肯定的な自己が認識されていく。つまり、アディクトはアディクトのまま、アディクトとして回復（自己和解）へと向かう。だが、当事者以外の人に対して経験を話す場合はどうだろうか。薬物検査を陰性の結果でクリアすること、就労や学業が継続することなどは、一見、「回復」のように見える。でも、それは、単に社会から見た「問題のない良好な状態」にあることを示すための応答ではないのか。山崎が記述した、学校で、行政機関で、家族の前で、彼らが納得する物語を語ることはその典型である。これは決してその人が自分自身を受け入れたのではなく、世間が認める「立ち直り」「回復」の状態を見せている可能性がある。僕はこうした状態を「自己和解なきリカバリー」と呼んだ[2]（市川２０２２）。

同じアディクション当事者の役に立つことで自己承認（自己和解）がなされる自助グループと違い、世間から認められる「回復」は、どこまでも他者からの評価（承認）に過ぎない。それは、かつて仲間が語った「親や教師の期待に応えて生きることで病気になった自己喪失の時代」の再来ではないのか。誰かに対して、「当事者」としての役割を強く期待したり、反対に、当事者として期待される役割に応えることも同じなのではないか。「元犯罪者」や「アディクト」としての語りを期待され、その求めに応える行為によって、再度自分のことを「犯罪者」や「アディクト」であると認識を強めてしまう。本書に記した「仲間に起こった悲劇」は、まさにこうした「当事者らしい語り」を期待する聴衆との間で起きたのではないのか。依存症がクローズアップされる昨今、同じような悲劇が繰り返されてしまうのではないかという不安がよぎる。近年のネット社会においては、一度認知された当事者性は自分自身で消すことできないデジタルタトゥーにもなりかねないからだ。

3　何者になってもいい

では、どうすればその構造から逃れることができるのか。方法は二つあると思う。一つは、社会や他人からの自分に対する扱いに異議申し立てて、そのように見るのをやめてもらうこと。もう一つは、自分自身の手で異なる自己定義をしてしまうことである。アディクション当事者だからといって、依存者らしく生きていく必要はない。それを定義するのは自分以外の誰でもない。

象徴的なエピソードが二つある。一つは本書の中で紹介したダルクの創設者である近藤恒夫さん（故人）によるものだ。近藤さんはよく、「ヤクチュウは仕事なんぞしないでへそ出して寝てりゃいい」と言っていたが、それは社会的な評価など気にせず、堂々と存在していていいというメッセージだったと思っている。仕事ができるとか、できないとか、そういうことはあくまで社会の評価であって、それをそのまま自分への評価としてしまうことはない。もう一つは、日本の社会が陥りがちな、他人が「回復を評価してしまう」ことへの痛烈な批判とも取れる。アメリカで聴いたある女性回復者の語りである。その人は学生のころ、薬物で検挙されたことがある。ある被害経験から、自分のことを大切に思えなくなり、そして薬物を使うようになった。彼女は釈放後に自助グループにつながり、大学を卒業して弁護士になった。それ以降、長年にわたって自分と同じような被害女性や薬物事犯者の弁護に奔走した。その活動が評価され、やがて彼女は州の司法アドバイザーに推薦され、のちに検察官となった。そして、僕が彼女の話を聴いたその時点（２０１９年）においては、高等裁判所の判事になっていた。なんともすごい経歴だが、紹介したいのはそのことではなく、彼女の放った言葉のほうである。彼女は薬物をやめてからの自分のキャリアについて、「いつもいつも、びっくりするような転機が与えられて、その都度とても動揺したけれど、それよりも私には乗り越えなければならないものがあった。それは「私にはそんな資格はない」とか「どうせ私なんか……」といった自分自身を制限する内なる声だった……」と語ったのだ。彼女のキャリアと人柄は人々にとって充分なものであり、だからこそ請われて要職に就いてきたのだろうが、それでもなお、彼女は自分がその役割に不適格だと感じていた。つまり、どんなに社会が彼女のことを認めても、彼女は最終的に自分自身と和解しなければならなかったのだ。そして彼女は言った。「それが背伸びではいけないけれど、それが等身大の自分であり、それが本当にしたいことならば、私たちは何者になってもよいのだ」と。回復が自己和解であることの、とてもわかりやすいエピソードである。そして、僕にはこの女性と近藤さんのエピソードが両極の話ではなく、同じことを言っているように思えるのだ。それは、「何者にもならないでいいこと＝何者になってもいいこと」である。つまり、社会がその人を見るまなざしがいかなるものであろうとも、その人自身がその人を受け止め、肯定すること（自己和解）が必要であり、また可能であるという点である。

本書に収録された僕たちの物語が、アディクション当事者のこれからの自分探しのイメージ作りに役に立ったら、とても嬉しい。僕たちも戸惑いながら、不安を感じながら、新しい自分を模索してきた。その過程を収録したのが本書である。いままさに、それを必要としている仲間たちがこの本を手に取ってくれたら、こんなに嬉しいことはない。

4　越境者たち――これからの時代に向けて僕たちが取り組んでいきたいこと

つらつらと書き綴ってきたが、そろそろ筆をまとめよう。今回、僕たちは「アディクション当事者」という非常にシンボリック（象徴的）であるがゆえに、強く留め置かれやすいそのポジションから自分たちを解放し、自由になるための知恵を共同で模索した。単に自分たちを取り巻く環境を批判したり、誰かや何かと闘うのではなく、自分たち自身を閉じ込め不自由にするものから、自分たちを解き放ちたいと思ったからである。こうして僕たちは越境する。単に当事者としてではない、専門職としてでもない、一人の人間として、僕たちならではの感覚をもって、その境界線を行き来する。それは本書の中の言葉を借りれば、「翻訳」「通訳」のような役割なのかもしれない。本書の指し示す視点が、多くの当事者たち、専門家たちのこれからに寄与することを切に望んでいる。

本書を企画するにあたっては、執筆に携わった僕たちだけではなく、多くの方々にお世話になった。ここに深く感謝の意を表したい。では、最後に執筆者たちからの未来に向けたメッセージを掲載して結びとしたい。

・ヨコヤマジュンイチ

自分が書いた部分を含めてすべての文章を読んだ感想は、「みんな、アディクトでよかったたって感じている」んだなということだった。私は私のアイデンティティの中で「アディクト」である自分が一番好きだし、それだからこそ今の人生を旅していられていると確信している。過去、他者に認められることばかり気にしていた私が、今は自分で自分を受け入れ、しかもそれをかなり好きでいられるのは私が「アディクト」であるからだ。

そんな私が今、計画しているのは、社会福祉士の実習生の受け入れだ。就労継続支援B型事業所の管理者やサービス管理責任者にとって社会福祉士である必要やメリットはあまりなく、だから職場で資格取得の必要性をあまり感じていなかった私が資格を取得したのは、実習生を受け入れるためだった。大学生の方々に「福祉の現場って楽しいかも」って思ってもらえる実習を提供していきたい。実習生受け入れを含め、少しでも地域社会の役に立てるような活動をどんどん進めていきたい。

・山崎ユウジ

昨年末、ある仲間がこの世を去った。子供の頃からずっと少年院、刑務所の入退所を繰り返し、ほとんど娑婆にいなかった。40歳代半ばでようやくダルクに繋がり、卒業後は福祉の仕事に就き、様々な研修を経て職場の責任者にもなった。やがて彼女もできて、結婚も間近かと思われた。「奇跡の回復」だった。

時々、「しんどいです」と連絡をくれていた。最近は「薬を使う夢をよく見るんです」とも言っていた。その都度「とにかく休もう」「仕事を辞めてでも自分の身を守って」、そして「ミーティングに行ってください」と伝えていた。クリスマスイブの夜、ジョン・レノンの「Happy Christmas」が流れるカードが送られてきて、お互いに「良いクリスマスを！」と言葉を交わした。その数日後、当直中の仮眠室で彼は息を引き取った。

近藤恒夫さんがヤクチュウたちの居場所として一軒家を借りたのが1985年。およそ40年の時を経て、ダルクは「当事者活動」としてあらゆる方面から社会的な評価を得ている。これは素晴らしいことなのだろう。しかし、私たちの依存症は治らない。医師や専門家から「依存症は完治する」という朗報が伝わることもあるが、どうやらそれは病気が違うのだろう。もちろん、病気は治すもの、障害は克服するものだという社会の要請に応えたいのは山々だ。それでも私たちの病気は治らず、私たちにはこの障害を乗り越えるための「力」はない。ありのままの私たちが社会で生きていくことは難しい。社会は私たちに「良くなること」を求めるし、何よりも私たちこそがその評価に「依存」してしまうからだ。そしてその依存は、時に私たちの生命さえ奪う。

原点に帰ろう。私は数日前に病院を退職した。そして近藤さんが始めた「ヤクチュウの居場所」に思いを馳せながら、今この原稿を書いている。

・かみおかしほ

去年の年末から4年ぶりに北海道に行ってきた。家族が4人になり、いろいろ考えた結果フェリーで行き、宿泊先は仲間のマンションを使わせてもらった。たくさんの人たちに会ってきた。大きくなった仲間の子たちがうちの子たちと遊んでくれた。生まれたばかりの仲間の子にも会えた。連絡すれば家に呼んでくれて、たくさんおいしいものを食べさせてもらった。こんなにしてもらっていいのだろうか……と不安になるくらいみんな私たちを歓迎してくれた。

18歳で支援につながり、転々とした後15年ぐらい北海道で過ごした。仲間がここは故郷だからねと言ってくれてうれしかった。私のことを最悪で最低で性格が悪いと目の前でいって笑ってくれる仲間たちといて安心したし、言葉にできない思いでいっぱいになった。この感じを大切に持っていたいと思った。

うちの母は私が子どものころから自宅で文庫を開いていた。絵本や本がたくさんある環境にいたのにも関わらず、心がざわざわして落ち着かずなかなか本が読めなかった。妊娠中から少しずつ本が読めるようになってきた。子どもができて一緒に絵本を見る機会も増えた。今ある場所を間借りして「だる文庫」という場所を始めた。そこにたくさん並べてある本をまずは1人で読んでいる。何か困ったことがあってもなくても気軽によれる場所が作れたらと思う。

・みつはしかずあき

10日後にファイナンシャルプランナー2級の国家試験を控えて、この最後の原稿を書いている。依存問題や仕事の不安が整理されていき随分楽に生きられるようになったものの、今の心配はこれからのライフスタイルや老後のことだったりする。アディクション真っ盛りのころは、無計画で破滅的に生きてきたので、お金のことや自分の健康のことなど何も考えずに生きてきた。しかし、クリーンになってからそうはいかなくなった。定年後の生活は？　年金でやっていけるのか。大きな病気になったらどうする、保険は必要か？　税金や所得控除？　資産運用ってどうするの？　こんな不安を解消するためFPの勉強を始めてみた。もちろん自分のために始めた勉強なんだけど、僕と同じような不安を抱えている人も多いのではないだろうか？　ある程度依存問題が解決していったら直面する問題のように感じている。今後、「アディクトのためのお金の勉強会」とかできたら面白そうだなと考えている。

当事者として専門職として今後のビジョンはと言われると、正直今はわからない。ただもう少し学びを続けていきたいなと思っている。精神保健福祉士の勉強を始めた頃は、勉強なんて二度としたくないと思っていたのに思いの外ハマってしまったようだ。せっかくハマったので、将来的にもっと専門的なことや、ダルク、福祉等に全く関係ないことも学んでみたい。そうやって枠を超えて自分の幅が広がっていけばなんだか楽しそうだしワクワクするからだ。

・鈴木かなよ

依存問題を抱える人たちの背景には、貧困や虐待、いじめや差別、能力的ハンデなど様々な問題があると言われている。私自身、母子家庭で育ち同じ環境で育った兄弟がまともな職業に就いている中で、自分が依存問題に陥ったことを理解するのに時間がかかった。成人を超えて高校や大学で学び直すということもそれなりの苦労もした。しかし、そんな私を支えてくれた人がいたことや学びの機会を与えていただいたことに深く感謝したい。

私は今、栄養士として三重ダルクの中で「食」を通して仲間の回復のサポートをしている。偏りのある食生活をしてきた仲間たちにただ単に栄養価やカロリーを計算した食事を提供しても何の解決にはならず、大学で勉強した知識を基に工夫も必要とされるし、一緒に食事をすることや一緒に調理をするなど、長期間やり続けないと意味がないことである。自分は「栄養士」という役割が与えられたので、「食」を通して仲間のサポートを全うしたいと考えている。

また、三重ダルクのスタッフになった当初は、無趣味で仲間のお世話をすることだけで自分を見出していた部分もあったが、大学に行かせていただいたおかげで「いつからでも始められる」ということを体感させていただいたこともあり、幼少期に親の離婚がきっかけで辞めてしまったピアノを習い始めた。仲間のサポートだけではなく、自分の人生も切り開いていきたいと思っている。

・佐藤和哉

近ごろの私と言えば、代表職ならではの不安に発狂しそうな毎日を送っていて、どちらかと言えば当事者や専門家というより、経営者のフレームにはまりそうな状況を何とかギリギリで保っているような日常ではあるが、今後に向けて考えていることもある。近年沖縄ダルクには高齢や重複障害などの問題による相談が多く寄せられていて、ダルクでの支援だけではどうしても不足する場面がある。そのことに向けて、まだ具体的ではないが新たに社会資源を創るなど、医療での経験を更に活かす場面がやってくるであろうと思っている。

一方で遊び心も大切にしたいと思っていて、最近こそ暇がなく封印しているが、私ほど沖縄を堪能してきた人はそう多くはないと自画自賛するくらい、遊びに対してはアグレッシブな方だ。将来は沖縄の海岸線に自分の趣味でもあるサーフィンや音楽をモチーフにしたカフェや宿をオープンしたいと本気で思っている。そこは誰でもウェルカムな場所にしたい。遊びは属性を超えて色々な人を巻き込むことができる。主観的意見だが「アディクション」は治療すべきではなく、チャンネルを変えることが必要であるように思える。

・ハチヤタカユキ

２０２０年にみんなで名古屋に集まって3年。令和6年の今思うことは、現状にひどく満足していることかなぁ。医療で受けた傷つきを医療で働くことで癒していたような気がする。今は本当に自分のやりたいことをやらせてあげることで癒しているように思う。立ち行かないことはなくならないけど身体はしっかり安心している。２０２０年に立ち上げた支援者支援の法人は去年から株式会社になって日本中に繋がりができた。毎日来る日も来る日も当事者支援を行っていたが、支援者を支援した方が効率的では？　とか、支援者が力尽きてないか？（僕を筆頭に）とか、学校・職場・家庭で支援にある方をサポートしたい思いは事業計画もなくスタートして4年目に突入した。この仕事は結果を求めていないから遊びに近い。こころ・からだ・社会のどの次元からでもリカバリーは可能だと思うが身体は置き去りにされやすい。自分で試して気付いたのは、身体を味方につけた時はこころも社会もしっかり機能し始めると感じている。昨年から「神経整体」という整体法を取り入れ、新たに自分の整体院を開いた。これからやっていきたいことの一つに、支援者の身体を癒し、技術を伝えて当事者を身体レベルからリカバリーに繋げてもらえたら凄く嬉しい。呼んでもらえたら全国どこでも出張します（笑）。まずはこの書籍の執筆に関わった同志たちからかな。心から感謝。傷ついた身体を癒したい支援者は、はちや療術院まで!!

・山田ざくろ

ここ最近、仲間から資格や学校のこと、レポートや試験について聞かれるようになりました。私が社会福祉士の学校の入学試験の時に「小論文ってなに？」と有資格の仲間に聞いた時、丁寧にわかりやすく教えてくれた日を思い出します。それがとても嬉しくて、私も同じ立場になったら同じようにしよう、どうかその日が来ますようにと願い、聞かれるたびにその日がやってきたことをとても嬉しく感じています。

本に書いた新しい場所はまだできておらず、相変わらず毎日、みんなで右往左往しています。数十年前に比べると相談できる場所や機関はとても増えました。困りごともももちろんだけれど「美味しかった」「ちょっと嬉しかったこと」「これ便利」と、誰かに連絡するほどでもないけど誰かに話したいことも話に来られるような場所が作れたらいいねと話し、専門家や当事者とか関係なく、たくさんの人たちの知恵や力を借りながら少しずつ作っていく日々に感謝しています。そして私は忙しい日々が少し落ち着いたら、キャンプや車中泊の小旅行と弓道をやりたいと考えています。キャンプと車中泊は10代の頃の薬を使った野宿と車中泊の経験から、弓道は薬を使い始めて止めてしまい、自傷の後遺症で諦めていたものです。これは……引き金というのかな……（笑）、「大人の家出」を計画中です。

・市川岳仁

いつからか、自分が「何者であるか」について考えなくなった。その時々に与えられる「役割」は、あくまで「役割」でしかなく、そこで得られるアイデンティティも、そのどれもが僕自身を表す記号でもない。肩書きにはあまり興味がない。僕はそのままの僕を面白がるようになり、自分に備わったセンスを信じるようになった。すると、自分の興味の湧くほうへ、興味の湧くほうへと自然に向かえるようになってきた。何年か前には、精神保健福祉士／社会福祉士の教科書[3]に執筆のチャンスをいただいた。ここ数年はいくつかの大学で講師をしている。非常勤講師だから大したことはできないけど、そこで出会う学生さんたちと沢山のことを共有している。今年度からは、精神保健福祉士を目指す学生さんの実習も受けることにした。僕にとって、当事者か当事者でないかはますます重要ではなくなり、あらゆる立場は僕に新しいつながりをもたらしている。ソーシャルワーカー、研究者、地域ボランティア、旧車の集まり、自助グループ。そのどれもが僕のいる場所であり、その中を泳いでいる。今年はイタリアに勉強行きたい。久しぶりにネパールにも行きたい。そして大学院（博士課程）をそろそろ修了したい（笑）。

付録――執筆メンバーによるメタローグ

この本の執筆メンバーの集まりにおいては、実にさまざまな想いが語られてきた。それは「当事者だから／当事者としてのみ生きていないから」こそ感じる事柄に関するものが多かった。だが、僕たち自身、集いの当初はそれをうまく言葉にして表すことができなかった。なぜなら、それぞれがいろんなことを感じながら過ごしてきてはいたものの、この集まり以前にはそれをシェアできる場もなかったし、仲間もいなかったからである。「場」と「仲間」がいなければ、個人の体験は確信とはならなかった。でも、この集まりを重ねるうちに、僕らが感じてきたことに対する確信と、それを言葉にする勇気のようなものが生まれてきた。こうした変化は仲間がいるからこそできるものだ。幸い、僕たちには自助グループにおける経験があった。ここでは、僕たちが「当事者だから／当事者としてのみ生きていない」ことをどのように語り合い、対話の中で自己認識として形成していったのか、そのメタローグの一端を紹介する。

（1）いわゆる専門家と我々の何が違うのか

「僕は自分のほうを向いてる人が好きなんです。自分以外をずっと見てる人、つまり、全然自分のほうを向いてない人は苦手。でも、ダルクの人たちとか、この業界にいる人は、まるで空気を吸うかのように自分のあり方のほうを見てるじゃないですか。そこが違うと思う。他人だけを見てる専門家と、自分と向き合ってる専門家。これは大きく違う」

「専門家は私たち当事者を「かわいそう」って思ってたりする。でも、私たちは自分たちがかわいそうじゃないってことをよく知ってる」

「専門家って、クライアントのことを何かの当事者、つまり対象としてしか見てない感じがする。ラベルで見る癖がついちゃってる。逆に僕らは、自分が当事者だったんで、専門家からそうやって見られることや、でもほんとは、ただの一人の人間として生きてるって事実を実体験として知っている。だから、たとえ僕らが専門家になったとしても、その視点は失わないだろうな」

「多くの援助者ができないことは、やめられない人とか、やめようとしない人を許容できないところだろう。そこが、一般の専門家とぼくらの違いなのかなと思う」

「当事者であり、エキスパートでありっていう。最初、それは意外とすんなり融合されるものだと思ってたんですね。例えば専門家の集まる会議の中で、「僕は薬物を使ったことがありまして、こういう経緯を辿りました」っていう話を「専門家」としてするってことが普通にできるんだろうって。それがある意味、僕がそこに加わるメリットなんだろうって思ってたんですけども。でも、実際はそうではないってことになると、「ただの専門家」になっちゃうわけですよね。要するに、当事者でもなんでもない、「ただの専門家」になれというのかって話になってしまって。そうでもないとすると、じゃあ、自分はやはり「専門家」ではなくて「当事者」として扱われなければならないのかっていう。この人たちのルールに則って専門性ってものを発揮しようとすると、「このままの形では受け入れられないのか」って思ってしまって。だから、「当事者」でいくかっていう。そういう自分の中の見切りみたいなものがあったんですけど。でも、みんなの話を聞いている中で、その「通訳」とか、「間に入って橋渡しする役割」みたいなことだったり、専門性を発揮する場で「自分の当事者性をどれぐらい出せばいいのか」ってことに悩みながらトライしてるっていう話を聞くと、まだやれる余地はあるのかなって」

(2) 我々が見ている昨今のアディクション領域について

再乱用防止に思うこと

「ときどき葛藤や違和感を感じることがある。それとなく専門家に伝えてるけど、自助グループがちゃんと利用されてない」

「アディクトらしさを否定しようとしてる感じがするよね。でも、アディクトにとっての魅力っていうものを否定して、アディクトらしくないようなことを「よし」と評価しようとするやり方は、僕は上手くいかないと思うな」

「薬物を使わないために依存症のことを学んだり、自分の引き金を理解して対策しましょう。みたいなことを教えてるんですけど。それに対して、「何か体験談お願いします」って言われても、本音は「そういうことやってきて、やめられなかったんだよ」と言いたいんだけど。初めの頃は、僕もよくわかんなくて、ちょっと忖度じゃないですけど、司会者が納得するような体験談を用意してしゃべってたんです。けど、だんだん、嘘ではないけど、本当に自分が思っていることではないので気持ち悪くなってきてしまって。自分も話したいこと話してないし、対象者の人もそんな話求めてないし。

「いったい、これ誰のためにやってるの？」っていう疑問がいつもありますね」

「それさー、まさにそうなるよね」

「なるんですよねー」

「誰のための、その時間（笑）」

「専門家のためですよね」

ハームリダクションについて

「ハームリダクションって、もともと当事者が自分たちの身を守るために、その経験値を集めたアイデアだったみたいだよ。それがなんか「公衆衛生」ってことになって。自分たちの身を守るための方法論と社会を守る話じゃ全然違う。同じ「ハームリダクション」って言葉なのに意味が変わっちゃう。いま「回復」という言葉も、僕らにとってのグッドライフではなくて、世間が思ってるグッドを押し付けてきてるでしょ。そこが違和感がある。だから、もう一回、僕らでそれをひっくり返してもいい気がするけどね」

「私覚えてるけど、16歳でダルクに繋がった時に、最初に受けたハームリダクションは、「お前はシャブ使わない方がいい」って言われたことだよ。昔からそういうのがあった。いま専門家の人が語るハームリダクションって、すごい綺麗な話になっているけど、30年以上前の自助グループやダルクでは、もうやってくれていた。ダルクのおじさんたちが、「覚せい剤はやらないほうがいい。今の薬にしとけよ」とか、「飯食ってから使うんだよ」とか、「水分取らずに使うから歩けなくなるんだよ」とかいろいろ教えてくれて、薬を止めようとする日々を一緒に過ごしてくれた。それを覚えているから、専門家たちのいうハームリダクションに新しい感じはしないかな」

「ハームリダクションも、「当事者のために」ってところから、それを政策に移そうとしたときに、市民とか国民全般とか、違う人のためのものになっちゃったと思うんですよね。「回復」という言葉も、たぶんそんな感じのことが起きてると思うんですよ。当初は当事者のためだったものが、「再犯防止」みたいになっていって。回復についても、社会の人が理解するものじゃなきゃダメだよねって話になりますよね」

「どんどんそういう風潮が強まっていっちゃう中で、そうじゃないものをどうやって残していったらいいんだろうね」

「精神病院を退院して、「さあ、明日からダルク行きましょう」ってときに、福祉の計画相談(4)の人が最初に書いた目標が、「薬物のない健全な生活を送る」ですよ（笑）。無理だわ。無理！（笑）。そうじゃなくて、「薬物を使わない」なんてことを最初に要求したら、彼は来れないよっていう話を説明しなきゃいけない。あまりに笑える」

「僕は内科医を開拓してる」

「内科医いいねー」

「精神科って見方が特異じゃない？　生活よりも治療を優先する印象。内科の場合、糖尿病にしたって高血圧にしたって、かなりヘビーなとこまでいっても、なるべく入院を避けたり、働ける状態で治療してくれるでしょ。僕はそういう「生活ありき」の視点を持ったお医者さんのほうがアディクシヨンを診れると思ってて。内科的感覚のお医者さんのほうがアディクトの本当のニーズに寄り添えるかもね。我々だって、もはや「薬物依存からの回復」なんてふうに捉えていなくて、生きることに重点を置いてるでしょ」

「栄養士とかっていいじゃんね」

「まさに。一番大事なところを支えることになる」

「まだ使ってるアディクトはジャンクしか食べないしね」

「ほんと、ほんと。精神科に来る人たちコンビニごはんばっかり」

「だから、僕らで研究するんだったら、食べ物のこともやると面白いよね」

「精神科って、そこ見てくれてないじゃん。何食ってんのとか」

「そんなこと聞かないのがおかしいでしょ。内科の先生だったらちょっと血液検査してさ、精神科の人は薬の血中濃度は見るんだけどさ、内科の先生は体の状態見るじゃない。どっちが先よって、決まってんじゃない」

(3) 我々にできること

「資格取ったばっかの頃は、「いやいや、自分なんて」みたいな、まだ躊躇が残っていたような気がするけど、これは時間と共に慣れてきて、いまは資格を表に出すことに躊躇はない。そのほうが通りがよくなることも多い。例えば、裁判所とか。「あんた、どの立場でモノ言っとるの?」って訊かれたときに、「僕は回復者で……」っていうよりか、資格を前に出したほうが早い」

「地域に司法分野のソーシャルワーカーが少ない。福祉の制度のことは詳しいけど、司法関連の制度のことはあまり知らない人が多い。そこはやっぱり、一歩抜きん出てる感じがある」

「当事者であることと、専門職であるっていう、両目で見ることは、ただの自助グループのメンバーではできないことだと思ってて。資格がないと、って意味じゃないよ。自分の体験だけで考えてたらって意味ね」

「僕が出会った専門家たちは、「俺は専門家だ」って感じの人が多かった。特に医療業界は。僕は医療で相当傷ついてきてる。その傷はまだ癒えてないんだけど。医療と精神科医が嫌いで、僕は医療の世界に入って。中から変えてやろうと思って」

「複眼で見るっていうのは、簡単に言うと「疑うことが多くなっていく」ってことだと思う。資格を取る過程では、いろんなフィールドを学ぶので視野が広がる。「あれ？ これって本当は違うんじゃないの？」っていう感じで疑いを持つようになる。ちょっと俯瞰して見えるようになって、なおかつ疑いを持つことで、そのグレーなゾーンを理解する。専門家としての自分っていうのは、当たり前のことを実は当たり前じゃないぞって問い直す力だとか、なんかそういうもの。やっぱりベースにあるのは、「地域で暮らす」ってことだった。だから、やってきた勉強は社会福祉士だ。女性の支援施設をやってると、必ずクライアントの女の人たちは、介護か、育児か、つまり、依存症そのものじゃない問題を抱えている。そういった事柄の翻訳家のような資格としては「社会福祉士」だなと思って。通訳家みたいなエキスパートになっていきたいなって」

「大学院に行ってよかったと思うのは、実は当事者活動のことも専門家のことも、ちょっと引いて見てるんですよね。そこにいながら、それを他人事のように見ることができるのが「研究」という営み。そこでは、僕らの業界でいう「我々」が、「彼ら」みたいな形で捉えられる。もちろん自分もそこに入ってるんだけどね。自分も含めて「彼ら」として見れる視点が研究。それは援助や支援とはまた違う目線であり、むしろ自分を健全にしているような気がする。当事者活動の中だけにいたら、もう少しバランスが悪かったかもしれない。僕はその両方を引いて見ている。つまり、社会のことも疑って見てるし、当事者活動のこともちょっと疑って見てる。それは自分のことも含めてね。それが、いわゆる自助グループでいうところの「棚卸」とはまたちょっと違う「引きの視点」であり、僕の特徴であり、強みだと思ってる」

(4) アディクトらしい「学び」方を考える

「ある大学でアディクション関連科目をいくつか集めて、選んで取れるコースがある。それはその大学に入らなくても受講できる。たとえば、ダルクのスタッフの人とかで、精神保健福祉士とか社会福祉士とか言われると「ちょっとハードル高い」「自信ない」って人でも、アディクションに関連する科目だけならやってみたいと思うかもしれない。実際に少しだけやってみて、「割と面白いかも」とか、「これならやれちゃうかも」って、その後に続くといいななんて思う。ただ、一つだけハードルがあって。やっぱり高校だけは出てないといけない。高卒認定でいいんだけど。それが唯一のハードルなんだけどね。こういうちょっとした裏メニュー的なのってどうですか」

「役に立つと思いますよ。僕らのときにはなかったので」

「考えれば考えるほど、まずは高卒のハードルをいかに下げるかってこと」

「ダルクのスタッフが勉強できたりとか、資格みたいなのがあればいいなと思います」

「北欧には〈経験専門家〉っていう資格がありますよね。刑務所を出た人が、カリキュラム受けて給料もらえるような。そういうのの走りがたぶんこういうやつですよね」

「韓国にもあるよ。依存症専門家協会といって、いわゆる専門家も当事者も学べるコースがある。資格も整備されてる。何度か韓国に行って詳細を調べてきたよ。論文[5]にまとめてあるから、ぜひ読んでみて。日本のこれからの参考になるんじゃないかな」

「枠の中で、「受ける人が教える立場にもなる」コマが一つあるといいよね。教わるだけだと怖くてしょうがない。でも、自分がやってきたことについて、自分が教える側になるようなコマがあったら、そこが入り口だよね」

「去年考えてたのはまさにそれ。教育っていうと、自分の外にあるもの取り入れないといけないイメージがあるけど、これがスムーズにいかない課題を持ってる人たちでしょ。僕も含めて。でも、「取り出す学問」っていうのがあるはずで、すでに体験で習得されてるものを自分の中から取り出す方法を提供して、それが単位になるようなやり方が理想なんじゃないかなって思ってて。そっちの方が僕たちには合ってる気がする」

（1）ダルク創始者の近藤は「医療、司法、行政はダルクの活動の位置づけに戸惑い、どの機関も一定の距離を取らざるを得なかったために、当事者活動としてのスタンスを守れたことは幸いだった」と述べている。さらに大阪ダルクの倉田めばも「薬物依存治療ネットワークの不備が、現在も私を支えている」と述べており、当事者活動に対し社会からの理解と支援が得られにくかったことや資源の不備が、むしろ逆に組織としても人としても当事者以外からの関与や干渉を受けにくい状況をつくり、ダルクが当事者活動のパイオニアとして存在できた理由であることを示す興味深い発言となっている。

（2）市川岳仁（2022）「「自己和解」を中心にしたリカバリー概念の生成にむけて――他者の定義による「回復」を超えて」『犯罪社会学研究』47：42-59

（3）最新　社会福祉士養成講座　精神保健福祉士養成講座10『刑事司法と福祉』中央法規出版

（4）障害福祉サービス利用時に必要な個別支援計画作成のための相談

（5）この後の「コラム　韓国における依存症専門家養成政策」参照。出典は、髙橋康史・市川岳仁・朴希沙（2020）「依存症専門家養成に関する反省的考察：韓国依存症専門家協会の取り組みに学ぶ」『人間文化研究』vol.33：1-14

コラム

韓国における依存症専門家養成政策

1　韓国依存症専門家協会の取り組み

韓国依存症専門家協会（The Korean Association for Addiction Professionals）は、依存症者と家族、回復者、そして多学際専門家たちがともに活動する非営利民間団体（ＮＧＯ）である。この協会を設立した目的は、アルコール及び薬物、インターネット等依存症の予防と介入及び治療に従事する依存症専門家の資格認定を通じ、サービスの質を向上させ、依存症に対する地域社会の全般的な認識を促進することである。

具体的な目標は次の３つである。第１に、会員らの専門性および力量の増大である。そのために、会員らの専門家としての力量の増大と依存症領域別の多様なリハビリテーションプログラムの開発を行っている。第２に、汎社会的ネットワークの連携である。依存症問題の社会的責任を実行するために、政府及び国会、言論、依存症関連機関等汎社会的ネットワークにおいて積極的に役割を実行する。第３に、依存症家族支援体系の構築である。この目標のために、依存症からの回復の道までをともにする家族支援体系の構築を実施している。

韓国依存症専門家協会は、１９９８年5月に「韓国薬物乱用相談家協会」という名称で発足した。同年には、学術大会を実施し、学術誌『韓国薬物相談研究』を発刊した。１９９９年に「韓国薬物相談家協会」へと名称変更し、薬物相談専門家資格制度が開始された２００７年には、「韓国依存症専門家協会」に名称変更し、２００８年に、薬物相談専門家資格制度を依存症専門家資格制度へと名称を変更した。その後、インターネット依存症の予防と依存症専門家の役割を模索しつつ、２０１３年に依存症専門家スーパーバイザー資格教育過程を実施した。２０１４年には、依存症専門家資格制度民間資格登録を開始した。さらに、２０１５年には韓国依存症専門家協会理事会が発足した。

2　韓国依存症専門家資格課程の概要

韓国依存症専門家協会による依存症専門家資格課程は、依存症専門家2級、依存症専門家1級、スーパーバイザーの3つから構成される。教育課程は、韓国依存症専門家協会により認定された機関において実施される。なお、この認定機関には、①養成教育責任者または担当者は本協会の依存症専門家1級資格証を所有していなければならないこと、②協会の教育過程を遵守（講義企画書を提出）すること、③講義時間の30％は本協会の依存症専門家1級資格証を所有した者が講義をしなくてはならない、④協会の実習指針を遵守すること、⑤協会の学術活動時間の規定を遵守すること、⑥以上の内容が含まれた協会の認証機関協約書作成及び相互の保管を行うこと、の6つの遵守事項がある。

依存症専門家2級

依存症専門家2級は、韓国依存症専門家資格課程において最も基本的な内容を学ぶ課程である。依存症専門家2級への応募条件は、①専門学士の学位以上を取得した者、②断酒、断賭博、断薬からの回復期間が満3年（36ヶ月）以上の者で、高卒学力以上の者という内容である。教育は理論教育、実習、学術活動の3つにより実施され、理論教育は１２０時間、実習は80時間以上、学術活動は20時間以上の時間が必要となる。この理論教育、実習、学術活動の項目をすべて履修した者に限り依存症専門家2級試験受験資格が付与される。

実習については、最低80時間以上が必要となるが、その時間中にスーパービジョンを3回受けなければならない。学術活動については、最低20時間以上が必要となるが、同時に韓国依存症専門家協会補習教育に1回出席しなければならない。さらに、A.A／N.A／G／AまたはAl-Anon／Gam-Anon等の自助グループへの参加は3回に限り、各回あたり3時間ずつ計9時間まで認定することができる。

依存症専門家1級

依存症専門家1級への応募条件は、①依存症専門家2級資格取得後2年以上資格維持者として依存症関連機関にて満2年（24ヶ月）以上勤務した者、②依存症関連の専攻における修士学位取得者で、学位取得後依存症関連機関で満3年（36ヶ月）以上勤務した者、③依存症関連の博士学位の論文を書き博士学位を取得した者、という内容である。教育は、理論教育・事例発表の2つから構成される。理論教育は60時間、事例発表は3回行わなければならない。この2つを全て履修した者に限って依存症専門家1

級試験受験資格が付与される。なお、事例発表は、5会期以上の個別相談が進行された事例を発表すること、1会期分逐語録を添付し、公開事例発表前に協会認定スーパーバイザーから最低1回以上の事前スーパービジョンを受けなければならない。

スーパーバイザー

スーパーバイザーは、これまでの依存症専門家1級および2級の説明にあったように、その資格課程において養成に携わる立場となる認定資格である。依存症専門家1級を取得した後2年以上の資格維持者で、依存症の実務現場にて関連業務を行った者が申請可能となる。養成教育は、指導監督または指導監督に対するスーパービジョン等の教育が1日（8時間）あるいは2日（16時間）にかけて実施される。

実習機関

実習機関は、依存症専門家1・2級のうち1名以上がスタッフ勤務している機関（センター、施設、病院、福祉館など）、または依存症者および家族を対象に個人相談および集団相談（教育を含む）プログラムを実施している関連機関にて実習をすることができる。ただし、スーパービジョンは協会のホームページに公示しているスーパーバイザーから3回受けなくてはならない。

また、実習機関には、次のような遵守事項がある。それは、①依存症専門家1、2級のうち1名以上が職員として勤務している機関であり、機関内に依存症専門家1級または2級がいない場合、協会にて承認したスーパーバイザーの資格証写本を添付すること、②1つ目に該当しない機関は、機関にて依存症者、依存症者の家族を事例管理することができ、機関内にて依存症関連プログラムを運営していれば可能である。ただし、協会のスーパーバイザーを別途指定し、実習生の活動をともに指導しなければならない、③実習ではスーパーバイザーは協会にて承認した者に限り、3回以上のスーパービジョンを受けなければならない、④実習費は機関が定める、⑤実習修了後、1ヶ月以内に実習生の実習内容とスーパービジョン内容を協会に提出すること、⑥実習機関が受講生の勤務先である場合も実習は可能である、という6つである。

資格の維持

最後に、資格の維持についてである。3つの資格でその内容は差異がある。特に、依存症専門家1級および依存症専門家2級の場合、1年間の評定管理をすることができなかった会員は、資格有効期限3年以内に補習教育3回と資格維持評定を取得すれば資格更新が可能である。また、資格証有効期限内に評定を満たすことができず、資格更新ができなかった場合、資格更新留保申請をした後に不足した評定を満たせば資格更新をすることができる。または、再試験で資格証を再度取得することができる。

ただし、海外に居住していたために評定管理ができなかった場合には、海外居住期間分の留保が可能である。その場合、海外居住関連書類を協会に提出した場合にのみ認定される。

3　当事者の回復のための専門職養成に向けて

以上のように、韓国依存症専門家協会における韓国依存症専門家資格課程を概観してきた。この資格課程では、依存症専門家2級からその後キャリアを経て依存症専門家1級、そしてスーパーバイザーという経路をたどることが可能な課程である。しかも、依存症専門家2級の出願資格に「断酒、断賭博、断薬からの回復期間が満3年（36ヶ月）以上の者」という規定があるように、依存症を抱える者自身が専門家となることを想定している。依存症を抱えながら専門家を目指す者は、同じ体験をもつ可能性が高い、依存症専門家1級およびスーパーバイザーの資格を有する者からのスーパービジョン等を受けつつ、キャリアアップ目指す資格課程の構造となっている。仮に、キャリアアップを経てスーパーバイザーを取得したとしても、「資格の維持」の項目で述べたように資格維持には韓国依存症専門家協会における活動へのコミットが求められる。

注目すべきは、依存症専門家2級の教育内容である。そこでは、理論教育・学術活動・機関実習が行われる。理論教育では依存症の理解等の専門的な知識を学びつつ、学術活動・機関実習では同じ体験をもつ可能性が高い、依存症専門家1級およびスーパーバイザーの資格を有する者からのスーパービジョン等を受けることができる点である。受講生は、当事者の経験知と専門知との往復が、スーパービジョンを通じて保障されているのである。さらに、実際の依存症を抱える者を支援する臨床・対人援助場面で、こうした資格を保持する者が、支援に参加することにつながる可能性ももつ。

付記　本稿は、厚生労働科学研究費補助金「再犯防止推進計画における薬物依存症者の地域支援を推進するための政策研究（19GC1014）」（研究代表者：松本俊彦）における「司法と福祉の連携による薬物依存症者への地域支援とその回復過程に関する質的研究」（研究分担者：髙橋康史）による研究活動の成果の一部であり、名古屋市立大学大学院人間文化研究科研究紀要『人間文化研究』vol.33掲載「依存症専門家養成に関する反省的考察：韓国依存症専門家協会の取り組みに学ぶ」（２０２０年、髙橋康史・市川岳仁・朴希沙）を元に、大幅に修正したものである。

【執筆者紹介】（執筆順）

ヨコヤマジュンイチ
東京都生まれ。ダルク勤務を経て2013年より就労継続支援B型事業所を運営する。社会福祉士。

山田ざくろ
神奈川県生まれ。就労継続支援B型作業所支援員を経てダルク勤務。2022年ダルク退職後、現在もどこかでソーシャルワークしています。社会福祉士。精神保健福祉士。公認心理師。

かみおかしほ
10代でダルクにつながる。双子の母。精神保健福祉士。

ハチヤタカユキ
鹿児島県生まれ。2002年より大分ダルク勤務。2024年現在は株式会社DMW代表取締役。医療法人河村クリニック作業療法士。神経整体はちや療術院院長。

山崎ユウジ
東京都生まれ、静岡県育ち。2011年から約10年間ダルクに勤務。本書執筆時は地元の精神科病院に精神保健福祉士として勤務。2024年1月に病院を退職し、現在放浪中。精神保健福祉士、公認心理師。

いちかわたけひと
愛知県出身。三重ダルク代表。精神保健福祉士。

佐藤和哉
一般社団法人沖縄ダルク代表理事。北海道函館市生まれ。2008年沖縄ダルク職員、その後精神科病院勤務を経て、2019年に一般社団法人沖縄ダルク施設長就任。2022年より現職。社会福祉士、精神保健福祉士、公認心理師。

鈴木かなよ
岐阜県生まれ。三重ダルクスタッフ。栄養士。

みつはしかずあき
2010年より大阪ダルク職員。2級ファイナンシャル・プランニング技能士、社会福祉士、精神保健福祉士。

【編著者紹介】

市川岳仁

1999年、三重県津市に三重ダルク開設。立命館大学大学院人間科学研究科博士後期課程。名古屋市立大学人文社会学部（精神保健学）ほか非常勤講師。三重県精神保健福祉審議会ギャンブル等依存症対策推進部会委員。精神保健福祉士・保護司。

アディクト（依存者）を超えて
――ダルクの体験を経た９人の〈越境者〉の物語

2024年５月25日　初版第１刷発行

編著者　市　川　岳　仁
（三重ダルク代表）
発行者　大　江　道　雅
発行所　株式会社 明石書店

〒101-0021 東京都千代田区外神田 6-9-5
電 話　03（5818）1171
FAX　03（5818）1174
振 替　00100-7-24505
http://www.akashi.co.jp/

組版　朝日メディアインターナショナル株式会社
装幀　明石書店デザイン室
印刷　株式会社文化カラー印刷
製本　協栄製本株式会社

（定価はカバーに表示してあります）　ISBN978-4-7503-5759-1

JCOPY〈出版者著作権管理機構 委託出版物〉
本書の無断複製は著作権法上での例外を除き禁じられています。複製される場合は、そのつど事前に、出版者著作権管理機構（電話 03-5244-5088、FAX 03-5244-5089、e-mail: info@jcopy.or.jp）の許諾を得てください。

本人・家族・支援者のための

ギャンブル依存との向きあい方

一人ひとりにあわせた支援で平穏な暮らしを取り戻す

認定NPO法人 ワンデーポート 編

中村努、高澤和彦、稲村厚 著

■四六判／並製／272頁 ◎2000円

ギャンブルの問題を抱えている人に対し、これまではギャンブル依存症のアプローチで支援するのが一般的だった。著者らもそうだったが、ある時からそれでは回復しない人たちがいることに気付く。著者らが辿りついた新しい支援の考え方とは？ 支援者、家族必読。

●内容構成●

第1章 ギャンブル〝依存〟にもいろいろなタイプがある
——「依存症」アプローチ一辺倒では平穏な暮らしは取り戻せない

第2章 私もかつてギャンブルにはまっていた
——回復施設「ワンデーポート」のこれまでと支援

第3章 家族はいったい何をどうすればいい？
——本人理解を踏まえた対応の工夫

第4章 借金にはどう対処すればいいのか
——家族が知っておきたい重要なポイント

仲間とともに治すアルコール依存症
断酒会活動とはなにか　中本新一 著　◎1800円

脱「アルコール依存社会」をめざして
日本のアルコール政策への提言
中本新一 著　◎3000円

当事者が語る精神障害とのつきあい方
「グッドラック！ 統合失調症」と言おう
佐野卓志、森実恵、松永典子、安原荘一、北川剛、下村幸男、ウテナ 著　◎1800円

当事者が語る精神障がいとリカバリー
続・精神障がい者の家族への暴力というSOS
YPS横浜ピアスタッフ協会、蔭山正子 編著　◎2500円

発達障害と思春期・青年期 生きにくさへの理解と支援
橋本和明 編著　◎2200円

伴走支援システム
生活困窮者の自立と参加包摂型の地域づくりに向けて
稲月正 著　◎3600円

Q&A 生活保護手帳の読み方・使い方［第2版］
よくわかる 生活保護ガイドブック1
全国公的扶助研究会 監修　吉永純 編著　◎1300円

Q&A 生活保護ケースワーク 支援の基本
よくわかる 生活保護ガイドブック2
全国公的扶助研究会 監修　吉永純、衛藤晃 編著　◎1300円

〈価格は本体価格です〉

アルコホーリクス・アノニマスの歴史

酒を手ばなした人びとをむすぶ

アーネスト・カーツ［著］
葛西賢太、岡崎直人、菅仁美［訳］

◎A5判／上製／612頁　◎3,500円

断酒にとりくむ自助グループ、アルコホーリクス・アノニマスの誕生から成熟までの年代記。自分の弱さ、不完全さを受け入れることの意味とは？ 疎外と孤独から生まれる、本当の仲間とのつながりとは？ 回復体験のなかに見いだされた逆説の教訓が心にしみる。

《内容構成》

第一部 歴史

第一章　はじまり　一九三四年一一月～一九三五年六月 酒をやめていないアルコール依存症者の限界

第二章　最初の成長　一九三五年六月～一九三七年一一月 酒をやめたアルコール依存症者の限界

第三章　AAの独立　一九三七年一一月～一九三九年一〇月 限界のなかに、全体性を見いだす

第四章　成熟を願うAA　一九三九年一〇月～一九四一年三月 他者を求めて――AAが周知される時代

第五章　AA成熟への道　一九四一年～一九五五年 アルコホーリクス・アノニマスの限界

第六章　成熟にともなう責任　一九五五年～一九七一年 有限だからこそ生まれるAAの全体性

第二部 解釈

第七章　米国史のより広い文脈で

第八章　宗教思想史の文脈で

第九章　AAの意味と意義

補遺A　AAと「絶対的存在」 成長あるいは完成としての「霊的なもの」

補遺B　時が満ちて　一九七一年～一九八七年 古い境界と新しい限界

〈価格は本体価格です〉

ダルク
回復する依存者たち
その実践と多様な回復支援

ダルク［編］

◎四六判／並製／272頁　◎2,000円

薬物依存からの当事者による回復実践を行う「ダルク」の30年以上の歴史を踏まえ、日本全国の代表者たちが「回復」「実践」「連携」をキーワードに、各地における個性豊かな活動とそこから得られた知見をまとめた。ダルクとして初めての書籍。

《内容構成》

第1部　回復

第1章　これからの回復支援——ダルクの向かう未来　［中川賀雅（長崎ダルク）］
第2章　私たちの回復とは　［加藤武士（木津川ダルク）］
第3章　回復の主体性　［市川岳仁（三重ダルク）］
第4章　回復の役割　［幸田実（東京ダルク）］
第5章　ダルクの独立性　［飯室勉（仙台ダルク）］

第2部　実践

第6章　初期施設でのプログラム——藤岡モデル　［山本大（藤岡ダルク）］
第7章　回復支援施設における階層式プログラムの実践　［栗坪千明（栃木ダルク）］
第8章　施設運営——山梨ダルクの実例　［佐々木広（山梨ダルク）］

第3部　連携

第9章　司法との連携　［森亨（北海道ダルク）］
第10章　医療との連携　［白川雄一郎（千葉ダルク）］
第11章　地域福祉との連携——重複障害の視点から　［市川岳仁（三重ダルク）］
近藤恒夫との対話——これからの回復支援
特別寄稿　薬物依存症からの回復とダルク
［成瀬暢也（埼玉県立精神医療センター副院長・埼玉ダルク理事）］

〈価格は本体価格です〉